Collection Logiques Sociales
fondée par Dominique Desjeux
et dirigée par Bruno Péquignot

En réunissant des chercheurs, des praticiens, des essayistes, même si la dominante reste universitaire, la collection *Logiques Sociales* entend favoriser les liens entre la recherche non finalisée et l'action sociale.

En laissant toute liberté théorique aux auteurs, elle cherche à promouvoir les recherches qui partent d'un terrain, d'une enquête ou d'une expérience qui augmentent la connaissance empirique des phénomènes sociaux ou qui proposent une innovation méthodologique ou théorique, voire une réévaluation de méthodes ou de systèmes conceptuels classiques.

Dernières parutions

Howard S. BECKER, *Propos sur l'art*, 1999.
Jacques GUILLOU, Louis MOREAU de BELLAING, *Misère et pauvreté*, 1999.
Sabine JARROT, *Le vampire dans la littérature du XIXe siècle*, 1999.
Claude GIRAUD, *L'intelligibilité du social*, 1999.
C. CLAIRIS, D. COSTAOUEC, J.B. COYOS (coord.), *Langues régionales de France*, 1999.
Bertrand MASQUELIER, *Pour une anthropologie de l'interlocution*, 1999.
Guy TAPIE, *Les architectes : mutations d'une profession*, 1999.
A. GIRÉ, A. BÉRAUD, P. DÉCHAMPS, *Les ingénieurs. Identités en questions*, 2000.
Philippe ALONZO, *Femmes et salariat*, 2000.
Jean-Luc METZGER, *Entre utopie et résignation : la réforme permanente d'un service public*, 2000.
Pierre V. ZIMA, *Pour une sociologie du texte littéraire*, 2000.
Lihua ZHENG et Dominique DESJEUX (dir.), *Chine-France. Approches interculturelles en économie, littérature, pédagogie, philosophie et sciences humaines*, 2000.
Guy CAIRE ET Andrée KARTCHEVSKY, *Les agences privées de placement et le marché du travail*, 2000.
Roland GUILLON, *Syndicats et mondialisation*, 2000.

L'AXIOMATIQUE DE L'INÉGALITÉ DES CHANCES

L'AXIOMATIQUE DE L'INÉGALITÉ DES CHANCES

RAYMOND BOUDON
CHARLES-HENRY CUIN
ALAIN MASSOT

L'Harmattan

Mise en pages : Diane Trottier

© Les Presses de l'Université Laval 2000
Tous droits réservés. Imprimé au Canada
Dépôt légal 2ᵉ trimestre 2000
ISBN 2-7637-7736-8 (PUL)

ISBN 2-7384-9452-8 (L'Harmattan)

L'Harmattan
5-7, rue de L'École-Polytechnique
75005 Paris
Tél. 01 40 46 79 14
Fax 01 43 29 86 20

Table des matières

Introduction 1

CHAPITRE 1
Les causes de l'inégalité des chances scolaires 9
Raymond Boudon

   1.1 Universalité et intensité 12
   1.2 Origine sociale et réussite 14
   1.3 À réussite égale, orientation inégale 16
   1.4 Risques et avantages d'un investissement 19
   1.5 Origine sociale ou coût d'investissement ? 21
   1.6 Un mécanisme exponentiel 22
   1.7 Aspirations familiales et autosélection 25
   1.8 Comparaisons 27
   1.9 Comment réduire les effets ? 29
   1.10 Faire l'inverse de ce que l'on raconte 31

CHAPITRE 2
Cheminements scolaires des étudiants en fin d'études secondaires : une analyse comparative des secteurs français et anglais au Québec 33
Alain Massot

   2.1 Évolution de deux cohortes scolaires :
         secteur français et secteur anglais 36
   2.2 La composition sociale des réseaux
         en fin de secondaire 41
   2.3 Les résultats scolaires et le postulat
         de la rationalité de l'acteur 44

CHAPITRE 3
Essai de réfutation de l'axiomatique de l'inégalité des chances scolaires 57
Alain Massot

   3.1 Le processus de qualification-distribution 57
   3.2 Question d'héritage culturel ou de rationalité .. 59
   3.3 Les axiomes fondamentaux 61

	3.4	Méthodologie	63
	3.5	Évolution d'une cohorte dans le secteur français public à partir de la fin du secondaire	65
	3.6	Les cheminements scolaires selon l'origine sociale	67
	3.7	Les inégalités d'héritage culturel	70
	3.8	Structures décisionnelles et cheminements scolaires	77
	Conclusion		79

CHAPITRE 4
Analyse des processus décisionnels de la scolarisation 83
Alain Massot

	4.1	Le modèle du processus décisionnel	84
	4.2	Héritage culturel et rationalité économique	85
	4.3	Les stratégies compensatoires	91
	4.4	À l'entour de l'axiomatique de l'inégalité des chances	95
	4.5	Les paramètres culturels de la rationalité	96
	4.6	La place du postulat de la rationalité	98
	Conclusion		103

CHAPITRE 5
Les travaux de Raymond Boudon 111
Charles-Henry Cuin

	5.1	L'innovation théorique et méthodologique	112
	5.2	La nature des deux paradigmes mis en œuvre	124
	5.3	Dans les arcanes d'une innovation scientifique	141
	Conclusion		154

CHAPITRE 6
Les deux sociologies de la connaissance scientifique 157
Raymond Boudon

	6.1	La sociologie de la connaissance classique	157
	6.2	La « nouvelle sociologie » de la connaissance	161
	6.3	Les raisons du succès du programme postmoderne	170
	6.4	Qu'en sera-t-il demain ?	185

Conclusion	187
Microlexique de l'individualisme méthodologique	191
Références bibliographiques	195
Liste des tableaux, graphiques et figures	201

REMERCIEMENTS

Nous remercions les Presses universitaires de France de nous avoir autorisés à reproduire le chapitre intitulé : « Les travaux de Raymond Boudon » publié dans le livre de Charles-Henri Cuin, *Les sociologues et la mobilité sociale*, 1992 ; et le chapitre intitulé : « Les deux sociologies de la connaissance » publié dans l'ouvrage collectif sous la direction de Raymond Boudon et de Maurice Clavelin, *Le relativisme est-il résistible ? Regards sur la sociologie des sciences*, 1994 ; tous les deux de la grande collection bleue SOCIOLOGIES des PUF.

Nous sommes reconnaissants aussi à la revue *Commentaire* de nous avoir autorisé la reproduction de l'article de Raymond Boudon intitulé : « Les causes de l'inégalité des chances scolaires », publié en 1990.

Les travaux de traitement de texte ont étés assumés avec diligence et grande attention par Réjean Houle du service informatique de la Faculté des sciences de l'éducation ainsi que par mesdames Pauline Roy et Sylvette Deguin. Nous remercions également Monsieur Nando Michaud pour la révision des épreuves.

Cette publication a reçu une aide financière du Vice-rectorat à la recherche de l'Université Laval ainsi que du Vice-décanat de la Faculté de l'éducation. Nous exprimons notre gratitude à cet égard à madame Louise Filion et à monsieur Claude Deblois.

Nous remercions les Presses de l'Université Laval d'accueillir cet ouvrage collectif dans leurs collections.

Alain Massot

INTRODUCTION

Alain Massot

L'objectif de cet ouvrage collectif est de mettre un certain ordre dans la question des inégalités scolaires et sociales. Cette question traverse l'histoire de la sociologie et elle a suscité des réponses aussi nombreuses qu'insuffisantes. Pensons, par exemple, au paradigme simplificateur de la reproduction qui affirme que tout est reproduction. Mentionnons encore le paradigme fonctionnaliste qui verse dans une semblable tautologie en disant que tout fonctionne. Un troisième paradigme empiriste prétend dégager une explication générale de la compilation de nombreux facteurs explicatifs significatifs.

Les auteurs du présent ouvrage s'inscrivent dans un autre paradigme : *l'individualisme méthodologique* dont on doit la défense et l'illustration à Raymond Boudon. Ce quatrième paradigme se pose comme cadre général de la pensée sociologique, c'est-à-dire qu'il permet une vision unitaire de la discipline en dépit du pluralisme paradigmatique qui l'encombre. Il rejette, notamment, le relativisme sceptique selon lequel, en sciences, tout est bon et tout est égal à n'importe quoi. Nous y reviendrons.

L'ouvrage de Raymond Boudon, *L'inégalité des chances*, remonte à plus de 25 ans déjà. Or, non seulement n'a-t-il pas vieilli, mais il a pris du corps, au point où ce classique est devenu un incontournable de la sociologie des inégalités scolaires et sociales et de la sociologie de la mobilité sociale dans les sociétés modernes. Cette œuvre restera symptomatique de la crise de la sociologie des années soixante-dix. Il fallait sortir de ce classique pour en mesurer la portée novatrice, voire fondatrice. Les analyses qui constituent cet ouvrage en relèvent les implications majeures aux niveaux empirique, théorique et paradigmatique.

Le premier texte, publié en 1990, tranche par son titre : *Les causes de l'inégalité des chances scolaires*[1]. Il constitue la meilleure synthèse de la question en plus de posséder une grande qualité didactique. Raymond Boudon expose la rupture avec la tradition empiriste de la recherche de facteurs pour s'arrêter à la sélection des causes et surtout en pondérer l'importance. L'auteur cherche à mettre de l'ordre dans ce fouillis : « Le problème est moins celui de l'indentification des causes, dit-il, que celui de la détermination de leur importance respective et de leur articulation ». Voilà l'enjeu même d'une axiomatique qui peut être définie comme un système intégré d'énoncés (postulats et propositions relationnelles). Dans la hiérarchie des sciences, l'axiomatique représente le stade le plus avancé de la connaissance scientifique.

Un deuxième enjeu de ce texte fait ressortir le problème général de la collusion de l'idéologie et de la science. Devant une pléthore de facteurs « explicatifs », chacun cherche à retenir celui ou ceux qui conviennent le mieux à une position idéologique souvent implicite, contaminant en retour les connaissances scientifiques elles-mêmes. Les implications de cette collusion déteignent littéralement sur les orientations politiques adoptées, et pour cause.

Paradoxalement, face à un phénomène généralisé et d'une grande intensité, la meilleure stratégie de recherche réside dans la construction d'une explication simple. À un phénomène général doit correspondre une explication la plus simple et la plus générale possible. C'est le troisième enjeu de l'entreprise de Raymond Boudon.

Les chapitres 2, 3, 4 constituent une épreuve de validation systématique de l'axiomatique de l'inégalité des chances scolaires.

---

1. Nous avons constaté il y a quelques années que ce texte publié dans la revue *Commentaire* avait été arraché de la collection de la bibliothèque de l'Université Laval. Nous nous sommes demandés si le geste s'expliquait par la qualité du texte ou par celle du pirate...

Les données sont tirées du grand projet ASOPE couvrant la décennie soixante-dix au Québec (*Aspirations scolaires et orientations professionnelles des étudiants*). L'intention première du projet visait le bilan de la réforme de démocratisation et de laïcisation du système d'éducation au Québec. Ces données longitudinales qui retracent les cheminements scolaires des jeunes Québécois ont dorénavant un caractère historique. Au-delà de la description, c'est la forme axiomatisée de l'analyse qui mérite attention.

L'on sait que les systèmes scolaires dans les sociétés modernes en général, comme au Québec, ne sont pas unifiés. Il fallait donc tenir compte de ces différenciations structurelles telles que le secteur public versus le secteur privé, le secteur francophone versus le secteur anglophone. Le chapitre 2 décrit les cheminements scolaires sur la base du concept de réseau scolaire. Il ressort de ces cheminements que la fin du secondaire demeure le point de bifurcation le plus crucial où s'opèrent des processus décisionnels relevant de la rationalité de l'acteur. Nous comparons ces processus décisionnels à l'intérieur du réseau scolaire francophone et anglophone en fonction des résultats scolaires et du milieu social d'origine. Des différences significatives dans les processus décisionnels de cheminements scolaires apparaissent entre les secteurs francophone et anglophone. Le postulat relatif aux stratégies décisionnelles de l'acteur fait apparaître des phénomènes d'inégalité qui passeraient inaperçus si l'on réduisait l'analyse à un schéma de causalité simple.

Le chapitre 3 recherche les conditions de validité de l'axiomatique de Raymond Boudon. En premier lieu, nous testons cette notion de réseaux scolaires à partir d'une définition proposée par Georges Snyders. Les taux de passage selon l'origine sociale sont comparés de la fin du secondaire au collégial et jusqu'à l'université sur la base des réseaux général et professionnel. Il en ressort que tous les points de bifurcation correspondant à un niveau scolaire n'ont pas la même importance stratégique. Deuxièmement, la relation entre l'origine sociale et les résultats scolaires n'est pas stable au cours des cheminements scolaires dans la mesure où elle tend à disparaître aux niveaux plus avancés de la scolarité. Par ailleurs, les taux de passage, principalement à la fin du secondaire, font apparaître une structure interactionnelle conforme au postulat des stratégies de scolarisation tel que posé dans le modèle axiomatisé.

Le chapitre 4 approfondit l'analyse des processus décisionnels de la scolarisation en dissociant clairement l'effet du niveau culturel familial sur les résultats scolaires, d'une part, et la relation entre les taux de passage, le niveau de réussite scolaire et l'origine sociale, d'autre part. À la fin du secondaire apparaît une structure interactionnelle typique qui diffère quelque peu des formes auxquelles fait référence Boudon. Néanmoins, et cela est fondamental, l'effet de l'origine sociale est « médiatisé » par des stratégies de scolarisation relevant d'une rationalité structurée selon des paramètres de coûts, de bénéfices et de risques d'échec anticipés. En aucun cas les données ne confirment le modèle déterministe de la reproduction sociale, pas plus qu'elles ne s'inscrivent dans un modèle hyperfonctionnaliste ou encore parfaitement aléatoire. C'est au delà de ces schématisations réductrices que l'analyse sociologique doit opérer.

Par la suite, nous procédons à une démarche quasi-expérimentale visant à évaluer l'égalisation des chances en mettant à l'épreuve deux hypothèses ; l'une où l'effet des inégalités d'héritage culturel sont supprimées, l'autre où l'effet du niveau économique familial est supprimé. Il en ressort que le facteur économique est nettement prédominant dans la production des inégalités des chances à la fin du secondaire. Enfin, nous testons l'ensemble des relations et des interactions du modèle proposé en mesurant l'apport relatif de chaque paramètre. Le résultat le plus significatif concerne la formation d'une structure interactionnelle conforme à celle postulée dans le modèle axiomatisé de Raymond Boudon avec trois différences importantes :

1) L'interaction propre aux processus décisionnels ne se manifeste pas de la même façon à chaque point de bifurcation ; forte à la fin du secondaire, elle disparaît aux niveaux scolaires plus avancés ; 2) cette interaction est générée par le niveau culturel familial plutôt que par le niveau économique familial : émerge

alors le concept de rationalité culturelle ; 3) cette interaction est partielle, c'est-à-dire que les stratégies compensatoires n'interviennent pas dans la situation des élèves ayant obtenus des résultats scolaires faibles.

Le texte de Charles-Henri Cuin, au chapitre 5, expose d'une manière systématique et approfondie l'innovation méthodologique, théorique et paradigmatique que l'on doit à Raymond Boudon. « Pour ce faire, écrit l'auteur, on analysera les cadres théoriques généraux qui organisent ces travaux, et on tentera de reconstruire la genèse d'une entreprise dont le caractère novateur des résultats semble ne pas seulement être le fruit d'innovations scientifiques mais, plus profondément, celui d'une conception critique originale de la nature même de la réalité sociale » (p. 112). C'est précisément dans cet esprit que nous publions cet ouvrage, car l'on n'a pas toujours appréhendé à sa juste valeur la portée « révolutionnaire » des travaux de Boudon, qui s'inscrivent pourtant dans une longue tradition sociologique. De fait, les plus grands sociologues ont travaillé d'une façon plus ou moins extensive selon les principes du paradigme de l'individualisme méthodologique et de ses conséquences sur les plans théorique et méthologique. Nommons seulement Condorcet, Tocqueville, Marx, Durkheim et surtout Weber et Pareto (cf. *Dictionnaire critique de la sociologie*). On doit cependant à Boudon d'avoir formalisé ce paradigme, d'en avoir dégagé les principes et d'en avoir démontré le caractère général, si bien que ce paradigme ne s'applique pas qu'aux seules sociétés modernes.

Enfin, le dernier texte, que l'on doit à Raymond Boudon, est tiré de l'ouvrage collectif publié en 1993 sous le titre *Le relativisme est-il résistible ? Regards sur la sociologie des sciences*. L'auteur expose les deux courants de la sociologie de la connaissance afin de démontrer l'impasse du nouveau programme de la sociologie de la connaissance qui nourrit le relativisme sceptique. Il n'est pas fondé d'affirmer en sciences que tout est égal à tout, de même qu'il ne serait pas fondé de dire que le beau est indiscernable. L'indiscernabilité entre le vrai et le faux est une proposition qui conduit justement à un manque de discernement. Ainsi, l'auteur est-il en mesure de démontrer que le conditionnement social de la connaissance n'implique en aucune façon le scepticisme. Il expose les raison de ce scepticisme radical ambiant qui trouve appui sur des auteurs comme Kuhn, Feyerabend, Hübner.

Les analyses de Kuhn sont justes en elles-mêmes, non les conséquences qui inspirent le relativisme sceptique contemporain. Les paradigmes ne sont pas incommensurables. Il y a des théories vraies et des théories fausses. Le relativisme d'un Feyerabend repose, quant à lui, sur une conception singulière du progrès selon laquelle il n'existe que s'il englobe les connaissances déjà acquises. Or, cette notion de progrès scientifique n'est ni la seule ni la seule recevable, ce qui permet à cet auteur de présenter le progrès scientifique comme une illusion qu'il est pourtant bien naïf de nier. Hübner, quant à lui, récuse la coupure science/mythe. Que les mythes, comme les sciences, reposent sur des postulats non démontrés ne justifie pas de confondre les mythes et les sciences. Les connaissances scientifiques se constituent sur une logique interne de validation que les mythes n'ont pas ou, du moins, qui n'est pas de même nature. Les mythes n'ont pas encore réussi à envoyer des êtres humains dans l'espace! Les postmodernes ne seraient-ils pas paradoxalement des prémodernes, se demande Raymond Boudon? Des mécanismes généraux socio-cognitifs, axiologiques et communicationnels expliqueraient le succès de la nouvelle sociologie de la connaissance.

Les effets socio-cognitifs tiennent à des *a priori* implicites qui bouleversent les conclusions spectaculaires de l'épistémologie postmoderne. On retrouve un scepticisme radical du même ordre que le conventionnalisme traditionnel dans des domaines autres que scientifiques comme en esthétique et en éthique. Le relativisme sceptique serait alors un trait de l'esprit du temps, mais pour quelles raisons? Raymond Boudon avance une interprétation: ne serait-il pas « utile » et commode de laisser à chacun le droit d'adhésion à toute valeur scientifique, esthétique ou morale au nom d'un égalitarisme « mur à mur » propre aux sociétés modernes?

Deux autres arguments d'utilité légitimeraient le relativisme sceptique : « l'utilité » politique du pédagogisme que d'aucuns nomment le clientélisme s'appuyant sur le diktat du nivellement de la formation par le bas et «l'utilité corporatiste» accommodée de l'éloge de la médiocrité au nom d'un pseudo-rattrapage historique.

À ces effets socio-cognitifs et axiologiques s'ajoutent des effets de communication par lesquels les idées à la mode s'infiltrent et se diffusent plus aisément parce qu'elles sont plus congruentes à l'esprit du temps. Heureusement, l'esprit du temps appartient plus à l'histoire des idées qu'à l'histoire des connaissances, les premières étant plus éphémères que les secondes, gage l'auteur.

Chapitre 1

LES CAUSES DE L'INÉGALITÉ DES CHANCES SCOLAIRES[1]

Raymond Boudon[2]

L'inégalité des chances devant l'École est l'un des quelques problèmes qui restent de façon permanente inscrits à l'ordre du jour politique des pays les plus riches. La raison en est triple : cette inégalité est normalement perçue comme illégitime, comme importante au vu des indicateurs par lesquels on peut la mesurer, et comme persistante[3].

Elle est perçue comme illégitime. Certaines formes d'inégalités s'expliquent et se justifient par ce à quoi elles servent. Ainsi, l'on conçoit qu'une inégalité de performance ou de mérite entraîne une inégalité de rémunération ; qu'à une inégalité des contributions corresponde une inégalité des rétributions. L'on admet aussi que l'inégalité des rémunérations stimule la performance, même si les opinions divergent sur le degré auquel il faut favoriser ou au contraire brider ce mécanisme d'incitation.

---

1. Revue *Commentaire*, automne 1990, p. 533-541.
2. Raymond Boudon est membre de plusieurs académies dont l'Académie des sciences morales et politiques de l'Institut ; il est professeur à la Sorbonne et est fondateur et directeur du GEMAS (Groupe d'études des méthodes de l'Analyse sociologique).
3. Cet article est tiré d'une conférence prononcée à la Fondation Saint-Simon, le 12 janvier 1990, dans le cadre du cycle sur les politiques d'éducation organisé par Ph. Reynaud et P. Thibault.

Par contraste, l'on ne voit pas très bien les services que pouvait rendre l'inégalité des chances scolaires. En quoi – par différence avec les inégalités de rémunération – peut-elle contribuer au fonctionnement du système social ?

Elle est importante. L'on ne peut la mesurer par un chiffre unique, car il y a une inégalité d'accès à chacun des niveaux scolaires en fonction de l'origine sociale : inégalité d'accès au baccalauréat, au supérieur, aux Grandes Écoles, etc. D'autre part, cette inégalité peut être rapportée au statut social des parents, mais aussi à leurs diplômes, au diplôme du père seulement ou aux diplômes des deux parents.

Je me contente donc de reproduire quelques chiffres, tirés d'un bel article de R. Pohl et J. Soleilbavoup, *La transmission d'un statut social sur deux ou trois générations*. L'enquête F.Q.P. (formation, qualification professionnelle) de 1977 fait apparaître, lorsqu'on considère l'ensemble des générations françaises de 25 à 64 ans :

- que la fréquence d'obtention du bac varie de 94 % pour les fils de professeurs dont la mère était diplômée d'études supérieures à 1 % pour les fils d'exploitants agricoles dont ni le père ni la mère ne possédaient le certificat d'études ;
- que « chez les cadres supérieurs, la fréquence d'obtention du bac s'étage, pour ces générations de 25 à 64 ans, de 27 à 66 % pour les garçons et de 25 à 50 % pour les filles selon que le père ne possédait qu'un diplôme inférieur au bac ou avait suivi des études jusqu'à la licence et au-delà » ; que « chez les ouvriers [...] les chances de décrocher le bac varient de 2 à 8 % pour les garçons et entre 1 et 11 % pour les filles selon que le père, ouvrier, n'avait aucun diplôme ou était titulaire d'un diplôme supérieur au CEP » ;
- que, lorsque le fils vient d'une famille de cadres supérieurs/ professions libérales avec licence universitaire ou grande école, dans 57 % des cas, il a un diplôme universitaire de 2e ou de 3e cycle ; dans les familles d'artisans ou de petits commerçants, le pourcentage est de 5,3 % ; il est de 1,7 % dans les familles ouvrières.

Retenons simplement de ces quelques données que l'inégalité des chances scolaires est forte et qu'elle varie en fonction surtout du statut mais aussi, pour un même statut, en fonction du diplôme des parents.

Elle est persistante. Elle évolue lentement dans le temps et apparaît comme fortement résistante aux médications politiques en tout genre qui lui sont administrées. Ainsi, les auteurs de l'article auquel je viens de faire allusion observent – en examinant les données de l'enquête F.Q.P. de 1977 pour chacune des générations décennales (i.e. 25-34, 35-44, 45-54, 55-64 ans) – une diminution de la relation entre origine sociale et diplôms s'agissant du secondaire, mais une relative stabilité s'agissant du supérieur.

Il faut toutefois tenir compte du fait que se sont développés dans la période couverte par cette suite de « générations décennales » des diplômes d'enseignement supérieur court (brevets de techniciens supérieurs, diplôme universitaire de technologie, diplômes paramédicaux, sociaux et pédagogiques, etc.) qui attirent plus les étudiants de milieux modestes que les autres. C'est à propos de l'entrée dans les grandes écoles et des études longues en université que les auteurs relèvent une relative constance des inégalités scolaires.

Il faut encore ajouter que ces phénomènes ne sont pas propres à la France. On les observe dans tous les pays comparables.

Deux questions se posent alors naturellement : 1) D'où vient l'inégalité des chances devant l'école ? Comment l'expliquer à partir du moment où, à la différence d'autres types d'inégalités, l'on ne peut l'analyser par sa fonction (sauf à admettre avec les penseurs 68 d'inspiration marxiste que ces inégalités servent à la reproduction de la « classe dominante », une explication que personne n'ose plus désormais produire) ? 2) Est-il possible de la corriger ? Jusqu'à quel point et comment ?

La réponse à la seconde question est évidemment commandée par la réponse à la première !

1.1 Universalité et intensité

Dès les années 1950 – au moment où commence à se développer la recherche sur ces questions – les sociologues, les psychologues, les psychologues sociaux, mais aussi les économistes ont facilement identifié les causes de ces inégalités. Mais le problème est moins celui de l'identification des causes que celui de la détermination de leur importance respective et de leur articulation.

On a montré que la valorisation accordée à l'école varie selon les milieux sociaux : elle est plus positive vers le haut que vers le bas de l'échelle. Il en résulte que la motivation pour l'école tend, en moyenne, à décroître avec le niveau social du milieu d'origine. L'idée selon laquelle un bon niveau scolaire est indispensable à la réussite est d'autre part inégalement répandue : elle est, de façon facilement compréhensible, davantage présente dans les milieux où le statut est conditionné par le diplôme, comme chez les cadres, par exemple. De façon générale, l'idée de l'influence du niveau scolaire sur la « réussite sociale » est d'autant plus facilement acceptée qu'on monte dans l'échelle sociale.

D'autres ont suggéré que la complexité du langage utilisé en famille varie avec le milieu et que ce facteur a une influence sur la manière dont les enfants abordent les exercices qui leur sont proposés par l'école.

D'autres ont insisté sur le fait que la « culture » est davantage valorisée dans les milieux élevés et que ce facteur a une influence décisive sur la réussite scolaire des enfants. D'autres encore ont insisté sur le fait que l'école, ayant été moulée par les classes supérieures, tend à en épouser les valeurs : il en résulterait que les enfants des classes favorisées se sentiraient plus à l'aise que les autres dans le climat culturel propre à l'école.

Les économistes ont insisté, quant à eux, sur le fait que les coûts de l'éducation – coûts directs et coûts d'opportunité – sont une fonction de la classe sociale : croissants au fur et à mesure qu'on descend l'échelle des classes. D'autres ont suggéré que les avantages futurs qui résultent de l'éducation tendent à être perçus de façon différente en haut et en bas de l'échelle, l'hypothèse étant que l'appréciation subjective des bénéfices futurs est escomptée à des taux différents selon les milieux, sous l'action de mécanismes psychologiques simples que la théorie économique traite peut-être un peu vite comme des évidences.

Les démographes nous ont appris pour leur part que, toutes choses égales, la réussite scolaire varie avec le rang dans la phratrie, de sorte qu'une évolution de la dimension de la famille inégalement marquée selon les milieux a des effets mécaniques sur les inégalités scolaires, comme le montre de façon convaincante un article d'Olivia Ekert-Jaffé, *La scolarisation entre 17 et 20 ans : démocratisation ou poursuite des inégalités* ?. Les familles nombreuses étant devenues moins fréquentes dans les milieux défavorisés, cela a entraîné une démocratisation des taux de scolarisation à 17 ans et, dans une plus faible mesure, à 18 et 19 ans.

Je ne peux tenter de dresser un inventaire exhaustif des théories proposées par les uns et les autres, mais seulement faire apparaître, que sur le sujet des causes des inégalités scolaires, le problème n'est pas celui du vide, mais au contraire du trop-plein. Il en résulte que chacun a tendance à retenir les causes qui lui conviennent le mieux : ainsi, les causes sont déterminées par une démarche scientifique, le choix entre ces causes par des raisons idéologiques. L'idéologie se mélangeant alors à la science, la première tend à se sentir confortée et légitimée par la seconde.

Or, lorsqu'un « décideur » – comme on dit désormais – est convaincu que tel type de cause est le plus imposant, cela peut produire des résultats désastreux. Ainsi, certains se sont laissé convaincre que tout se joue dans la « relation pédagogique » et ont essayé d'imaginer des réformes permettant d'éviter que le Mozart qui sommeillerait en chaque enfant ne soit assassiné. D'autres – aux États-Unis, par exemple – ont été persuadés que la cause des inégalités scolaires réside principalement, voire exclusivement, dans le handicap cognitif que les familles défavorisées transmettent aux enfants. Sur la foi de ce diagnostic fragile, on a alors lancé de vastes programmes d'enseignement « compensatoire ».

Bref, un problème essentiel, du point de vue non seulement théorique, mais aussi bien pratique et politique, est de mettre de l'ordre dans ce maquis des causes des inégalités scolaires : quel est le facteur le plus important ? Les handicaps/avantages cognitifs, les différences dans les attitudes en fonction du milieu, dans l'évaluation des coûts et des avantages de «l'investissement» scolaire ? Selon les réponses qu'on donne à ces questions, l'on aboutit évidemment à des politiques différentes.

L'hypothèse générale qu'on peut faire, c'est en tout cas que l'universalité du phénomène de l'inégalité des chances scolaires ainsi que son intensité doivent traduire la présence de causes elles-mêmes simples et universelles.

1.2 Origine sociale et réussite

Pour tenter d'apporter un peu de clarté sur ce sujet, j'étais parti dans *L'inégalité des chances* («Pluriel», 1986) d'une enquête célèbre conduite à l'I.N.E.D.[4] par A. Sauvy et A. Girard. Enquête importante, par sa qualité exceptionnelle, mais aussi parce qu'elle fait apparaître, dans le cas français, des résultats qu'on a retrouvés ensuite dans toutes les enquêtes.

D'un mot, cette enquête étudie, au début des années 1960, l'orientation des élèves qui sortaient du primaire. À cette époque, trois possibilités leur sont offertes : le lycée (débouchant sur le secondaire long), le collège d'enseignement général (débouchant sur le secondaire court) et la classe de fin d'études (correspondant à un supplément d'enseignement postprimaire d'un an).

À la manière des démographes, les auteurs de l'enquête se sont bornés à recueillir un petit nombre d'informations sur les éléments de leur énorme échantillon, notamment : le niveau de réussite scolaire des enfants à la fin du primaire, en CM2 (apprécié par les instituteurs), l'âge et par conséquent l'avance ou le retard éventuel par rapport à l'âge considéré comme socialement normal de 11 ans, l'origine sociale, l'orientation (les autres informations recueillies ne nous concernent pas).

---

4. Institut national d'études démographiques.

Si l'on stylise les principaux résultats, l'on observe d'abord que le niveau de réussite varie fortement avec le milieu d'origine : ainsi, 35 % des enfants d'ouvriers sont classés excellents ou bons, 30 %, médiocres ou mauvais. La distribution est sensiblement plus favorable en ce qui concerne les enfants de cadres supérieurs : 62 % sont classés excellents ou bons, 28 %, moyens et 10 %, médiocres ou mauvais (décimales abandonnées). Les enfants d'employés sont caractérisés par une distribution intermédiaire. Les enfants d'industriels et professions libérales par une distribution favorable, mais un peu moins favorable que celles des cadres supérieurs.

S'agissant de l'âge, des liaisons de même type apparaissent : le pourcentage des élèves en avance ou à l'heure est de 76 % pour les cadres supérieurs, de 71 % pour les cadres moyens, de 70 % chez les industriels et professions libérales, de 48 % chez les employés et de 36 % chez les ouvriers.

Ces informations relatives à l'âge comportent un enseignement intéressant : le retard au cours du primaire témoigne évidemment du niveau de la réussite scolaire dans ce même primaire. Comme on constate une corrélation entre âge et réussite, le retard étant d'autant plus fréquent que la réussite en CM2 est plus médiocre, l'on en conclut que, en moyenne, le niveau de réussite tend à être relativement stable dans le temps.

Mais le point important est le suivant : cette variation de la réussite en CM2 et de la réussite dans le passé scolaire de l'enfant, appréciée par son âge en CM2, s'explique facilement par les théories qui insistent sur le handicap cognitif et culturel qui caractérise les milieux « défavorisés », ou – pour dire les choses de façon symétrique – sur les avantages cognitifs et culturels dont bénéficient les enfants des milieux « favorisés ».

Ce premier type de résultat est important. On l'observe partout : au début de la scolarité, la réussite scolaire tend à être en moyenne d'autant plus faible que le niveau social de la famille est plus modeste.

1.3 À RÉUSSITE ÉGALE, ORIENTATION INÉGALE

Un autre résultat important apparaît dans l'enquête de l'I.N.E.D. (et dans les enquêtes de même type) : à réussite scolaire semblable, la fréquence de l'orientation vers les voies scolaires les plus intéressantes dépend de l'origine sociale.

Prenons le cas des élèves à l'heure (11 ans) : si la réussite scolaire est bonne, une quasi-totalité d'entre eux rentre dans le secondaire, quelle que soit leur origine sociale. On relève des différences en fonction de l'origine sociale, mais elles sont faibles : 90 % des enfants d'ouvriers, 96 % des enfants d'employés, 99 % des enfants de cadres moyens ou supérieurs vont dans le secondaire bas ou court.

En revanche, les écarts se creusent lorsqu'on considère des élèves moyens : 57 % des enfants d'ouvriers vont dans le secondaire, 78 % des enfants d'employés, 81 % des enfants de cadres moyens, 92 % des enfants de professions libérales et industriels et 99 % des enfants de cadres supérieurs.

Les contrastes deviennent encore plus marqués dans le cas des élèves faibles (désignés comme « médiocres » ou « mauvais » dans l'enquête).

Lorsqu'on considère les pourcentages d'orientation, non vers le secondaire dans son ensemble mais vers la voie longue du secondaire (le lycée), l'on observe des différences sensibles entre classes sociales même pour les élèves excellents ou bons. Mais, comme dans le cas précédent, ces différences s'accentuent sensiblement à mesure que le niveau de réussite des élèves est plus faible.

Ainsi, si l'on isole les élèves excellents ou bons, 37 % vont au lycée parmi les enfants d'ouvriers, 53 % parmi les employés, 70 % parmi les cadres moyens, 70 % parmi les industriels/professions libérales et 83 % parmi les cadres supérieurs. La corrélation est sensible.

Mais elle s'intensifie avec les élèves moyens : 22 % des enfants d'ouvriers vont au lycée, 36 % pour les employés, 50 % pour les cadres moyens, 70 % pour les industriels/professions libérales, 83 % pour les cadres supérieurs.

Elle s'intensifie encore avec les élèves faibles : 5 % des enfants d'ouvriers, 20 % pour les employés, 50 % pour les cadres moyens, 58 % pour les industriels/professions libérales, 73 % pour les cadres supérieurs vont au lycée.

Les statisticiens diraient qu'il y a un effet d'interaction entre l'origine et la réussite sur l'orientation. En d'autres termes, l'influence de l'origine sur l'orientation dépend de la réussite : plus faible lorsque la réussite est bonne, elle devient plus forte lorsque la réussite est faible.

Lorsqu'on considère – de façon symétrique – l'effet de l'âge à réussite constante, on constate les mêmes phénomènes. Je n'entrerai pas ici dans le détail. En un mot : l'influence de l'âge sur l'orientation est modérée lorsque la réussite est bonne et augmente à mesure que la réussite est plus précaire.

Ces effets ne peuvent en aucune façon provenir du handicap cognitif ou culturel des milieux défavorisés. En effet, ces résultats font apparaître une influence de l'origine sociale lorsque l'on examine des enfants de même niveau de réussite scolaire et/ou des enfants de même âge. Or, à partir du moment où l'on compare des enfants de même niveau de réussite, les effets de handicap cognitif ou culturel sont, par définition même, neutralisés.

D'où proviennent donc ces effets inexplicables par les handicaps culturels et cognitifs des classes défavorisées ?

La réponse la plus simple à cette question, celle qui permet de retrouver ces effets dans leur complexité et notamment de comprendre les effets d'interaction (i.e. le fait que l'influence de l'origine sur l'orientation soit plus ou moins intense selon la réussite ou selon l'âge) peut être commodément présentée à l'aide de l'exemple suivant.

Supposons que l'on numérote les statuts sociaux du plus bas au plus élevé comme s'ils formaient un continuum. Le niveau social S1 serait plus bas que le statut social S2. Faisons de même pour les niveaux scolaires où le niveau N1 représenterait un niveau plus bas que N2.

Considérons maintenant deux individus : l'un, I1, est d'origine sociale S1 et a atteint le niveau scolaire N1 ; l'autre, I2, est d'origine sociale S2 et a atteint le même niveau scolaire N1. L'un et l'autre (eux-mêmes et/ou leur famille) sont confrontés au problème de savoir s'ils doivent s'arrêter au niveau scolaire N1 ou s'ils doivent, au contraire, chercher à atteindre le suivant, soit N2.

Leur décision va d'abord dépendre des risques tels qu'ils les perçoivent. Si la chance de décrocher le niveau N2 est faible, l'on hésitera davantage que si elle est forte. L'hésitation sera par ailleurs d'autant plus grande que les coûts sont plus grands. Or, les coûts ont toutes chances d'être plus lourds dans des milieux défavorisés. Il existe donc une première raison, celle qu'indiquent les économistes, pour que I1 ait moins de chances de tenter d'aller en N2 que I2, même si ses chances sont égales.

Mais la théorie économique est impuissante à expliquer le détail des effets statistiques observés. Pour les retrouver, il est indispensable de faire appel à une théorie sociologique classique, la théorie des groupes de référence.

Suivant cette théorie, l'on peut faire l'hypothèse que, lorsque la famille définit plus ou moins confusément le statut qu'elle considère que le jeune peut légitimement chercher à obtenir, elle se détermine dans une large mesure par référence à son propre statut. Il en va de même du jeune lui-même : pour un individu donné, l'intérêt relatif de tel ou tel statut est normalement déterminé, dans une certaine mesure du moins, à partir du statut provisoire que sa famille lui confère. Un instituteur sera normalement satisfait si son fils est professeur du secondaire ; un professeur de faculté risque d'en être déçu. De même, une fille d'instituteur aura facilement l'impression d'avoir réussi si elle devient elle-même professeur dans le secondaire. Cela ne sera pas le cas pour le fils d'un professeur d'université.

Ces analyses sont si évidentes qu'il est peu utile d'y insister : comme il n'existe pas de façon « objective » de déterminer le statut de destination qu'il est bon de rechercher, le statut d'origine s'impose presque de lui-même comme un point de repère naturel.

1.4 Risques et avantages d'un investissement

Supposons maintenant que le niveau scolaire N1 conduise avec une probabilité forte – par exemple 6, 7 ou 8 chances sur 10 – à l'ensemble des statuts sociaux compris entre S1 et S2 et que nos individus I1 et I2 aient une connaissance plus ou moins confuse de ce fait. Dans ce cas, l'individu I1 (I1 et/ou sa famille : plutôt sa famille au début du cursus, plutôt lui à la fin) risque de se tenir un discours comme le suivant : « Avec le niveau scolaire N1, j'ai une très forte chance d'avoir un statut social aussi enviable que celui de ma famille. Donc, je ne continue que si les risques ne sont pas trop grands. Une manière de mesurer ces risques consiste à prendre comme indicateur la réussite présente. Mon niveau présent de réussite étant bon, je prends des risques limités en continuant. Je tente donc d'atteindre N2. » « Mon niveau de réussite étant moyen et le pronostic incertain, mieux vaut peut-être s'arrêter », dira un autre I1. « Mon niveau actuel de réussite étant mauvais et mon retard scolaire déjà important, arrêtons les frais », dira un troisième I1.

En revanche, toutes choses égales d'ailleurs, un I2 se dira : « Même si ma réussite présente n'est pas très bonne, de toute façon les coûts sont supportables. D'un autre côté [et ce point de l'argumentation que je prête à mon I2 est sans doute le plus important], le statut que j'ai des chances d'obtenir en m'en tenant à N1 a toutes chances d'être moins enviable que celui dont je bénéficie dans ma famille. Celle-ci risque de m'en vouloir, de me regarder de haut. Je suis exposé à avoir un mode de vie moins intéressant que celui auquel j'ai été habitué, etc. Donc, même si les risques ne sont pas négligeables, je continue. » Bien sûr, un autre I2, dont le niveau de réussite serait très médiocre et qui serait très en retard, se dira peut-être que les risques sont trop grands et qu'en dépit de l'intérêt d'aller en N2, il est préférable de s'arrêter.

Ces analyses psychologiques sont, bien sûr, très élémentaires et doivent être prises comme des caricatures des processus de décision concrets. J'utilise, en recourant à ces simplifications, une méthodologie traditionnelle : celle que recommande Max Weber et qui consiste à se donner des acteurs sociaux idéal-typiques et à rechercher les raisons les plus plausibles qu'ils ont de se comporter comme ils le font.

En tout cas, si l'on reprend à la théorie économique son hypothèse très acceptable d'une variation des coûts en fonction de l'origine (je suis, je le confesse, plus sceptique sur la réalité de la variation de l'escompte du temps avec le milieu), si d'autre part, on tire de la théorie des groupes de référence les hypothèses que je viens d'esquisser, l'on reconstitue sans difficulté la structure des tableaux statistiques que j'évoquais, avec leurs effets d'interaction complexes. Je veux dire qu'en se donnant cette théorie, l'on reconstitue facilement l'allure des relations statistiques non linéaires qui lient les variables origine sociale, âge, réussite, orientation. Réciproquement, l'on peut, avec de bonnes raisons, conjecturer que cette théorie constitue une explication acceptable des données statistiques recueillies par l'observation. À vrai dire, je n'ai pas rencontré dans la littérature d'autre théorie capable de rendre compte du détail de ces liaisons.

Ce qui me convainc, d'autre part, que cette interprétation est la bonne, c'est qu'on retrouve ces structures partout. Bien que complexes au sens mathématico-statistique (structures non linéaires très « typées »), elles doivent donc traduire des mécanismes simples.

Pour résumer, ces études font apparaître deux mécanismes fondamentaux : 1) d'une part, le milieu social dans lequel est élevé le jeune produit des avantages/désavantages cognitifs et culturels qui se traduisent par des distributions plus ou moins favorables en termes de réussite et de retard ; 2) d'autre part et indépendamment, la situation sociale des familles fait qu'elles apprécient différemment les risques, les coûts et les avantages de l'investissement scolaire.

1.5 Origine sociale ou coût d'investissement ?

L'on peut alors se poser la question de savoir lequel des deux facteurs est le plus important : les inégalités scolaires reflètent-elles surtout l'influence du fait que les élèves des milieux défavorisés sont – d'un point de vue cognitif et culturel – moins préparés aux exercices que leur propose l'école ? Ou bien sont-elles dues surtout à ce que les coûts et avantages de l'investissement scolaire sont appréciés de façon variable selon les milieux sociaux ?

L'on peut répondre à cette question en se livrant à des expériences de simulation simples. Elles consistent dans leur principe à supposer que, par un coup de baguette magique, l'on peut éliminer le premier de ces deux facteurs sans toucher au second, puis le second sans toucher au premier et à se demander ensuite laquelle des deux hypothèses correspond à une réduction plus grande des inégalités. Ainsi, l'on supposera que les différences dans la réussite et l'âge dues à l'origine sociale sont abolies et que, par exemple, les fils d'ouvriers ont la même distribution en matière de réussite que les fils de cadres supérieurs.

Prenons un exemple arithmétique fictif pour faire apparaître la nature de ces simulations. Dans la réalité, lorsqu'on compare les enfants d'ouvriers et de cadres supérieurs du point de vue de la réussite, on observe, selon l'enquête de l'I.N.E.D., les distributions suivantes :

Tableau 1.1
**La réussite scolaire en fonction de l'origine
et du milieu social d'origine (enquête I.N.E.D.)**

Ouvriers				Cadres supérieurs			
Bons	Moyens	Faibles	Total	Bons	Moyens	Faibles	Total
35 %	35 %	30 %	100 %	62 %	28 %	10 %	100 %

D'autre part, les fréquences de passage dans le secondaire long et court (première ligne du tableau suivant) et dans le seul secondaire long (deuxième ligne) pour les élèves de chacun des niveaux de réussite sont grossièrement les suivantes (ces chiffres stylisent les données de l'enquête de l'I.N.E.D, respectant seulement les ordres de grandeur, mais non le détail numérique) :

Tableau 1.2
**L'orientation en fonction de la réussite scolaire et de l'origine sociale
(représentation stylisée de données tirées de l'enquête I.N.E.D.)**

Secondaire	Ouvriers			Cadres supérieurs		
	Bons	Moyens	Faibles	Bons	Moyens	Faibles
– Long/court	80 %	50 %	10 %	95 %	90 %	70 %
– Long	30 %	20 %	2 %	70 %	60 %	40 %

En effectuant les calculs, on voit qu'en donnant aux ouvriers le niveau de réussite des cadres supérieurs, l'on fait passer le pourcentage de ceux qui rentrent dans le secondaire (long ou court) de 48,5 % à 64,6 %, et le pourcentage de ceux qui rentrent au lycée de 18,1 % à 24,4 %.

Mais l'on peut aussi faire l'opération symétrique et supposer : 1) que le niveau de réussite reste différent entre ouvriers et cadres supérieurs ; 2) que l'on a réussi à éliminer les différences entre classes sociales dans l'appréciation des risques, des coûts et des avantages de l'investissement scolaire. Dans ce cas, le pourcentage des enfants d'ouvriers rentrant dans le secondaire passe de 48,5 % à 85,75 %, le pourcentage de ceux qui rentrent au lycée passant de son côté de 18,1 % à 57,5 %.

On voit donc que le second mécanisme est beaucoup plus important que le premier.

1.6 Un mécanisme exponentiel

Il y a plus. Il importe de voir que la différence d'importance entre les deux types de mécanismes est sensiblement plus marquée dans le temps que dans l'instant : elle apparaît encore plus grande lorsqu'on considère, non comme je l'ai fait jusqu'ici, l'orientation à un moment donné mais la carrière scolaire d'un ensemble d'élèves.

Pourquoi ? Parce que, au fur et à mesure qu'on avance dans le cursus, la relation entre classe sociale et réussite tend à disparaître pour une raison simple : par le jeu de la différence d'appréciation des coûts, des avantages et des risques, l'autosélection est d'autant plus forte qu'on descend plus bas dans l'échelle des classes. Les différences de réussite en fonction du milieu ont donc tendance à s'atténuer et éventuellement à s'inverser à mesure qu'on considère des points plus avancés du cursus.

En revanche, l'autre mécanisme ne s'éteint pas dans le temps. Chaque fois que le système scolaire propose, à la fin de la cinquième (comme il le faisait encore naguère), de la troisième, après le bac, après le D.E.U.G.[5], etc., aux enfants puis aux adolescents de décider s'ils veulent continuer ou arrêter, emprunter une voie longue ou une voie courte, une filière associée à de grandes ou à de petites espérances, etc., la différence dans les appréciations des risques, des coûts et des avantages que l'enquête de l'I.N.E.D. observe au début du secondaire réapparaît et exerce ses effets à tous ces points de bifurcation.

Supposons que les paramètres – inspirés de l'enquête de l'I.N.E.D. – qui décrivent ce phénomène dans le cas du passage du primaire au secondaire soient stables au long du cursus et que les adolescents aient à faire quatre choix, plus précisément à se soumettre quatre fois à un processus d'orientation. Cette hypothèse de la constance des paramètres eux-mêmes est bien sûr une simplification. En revanche, l'hypothèse de la permanence dans le temps, d'une étape à l'autre du cursus, de la structure de ces paramètres est bien établie par toutes les observations qu'on a pu faire dans les contextes les plus divers.

Il est alors facile de déterminer par le calcul ce qui va se passer. En portant à la puissance 4 les paramètres de passage du tableau 1.2 (1re ligne), l'on détermine les probabilités de passer quatre points de bifurcation.

---

5. Diplôme d'études universitaires générales.

Tableau 1.3
Probabilité de continuer sa scolarité au-delà du quatrième point de bifurcation dans l'hypothèse de la constance des paramètres

Ouvriers			Cadres supérieurs		
Bons	Moyens	Faibles	Bons	Moyens	Faibles
0,41	0,06	0,00	0,81	0,66	0,24

Supposons maintenant qu'on introduise successivement deux hypothèses : 1) l'on efface les différences de départ du point de vue de la réussite, sans effacer les différences entre milieux sociaux du point de vue de l'appréciation des risques, des coûts et des avantages ; 2) l'on efface les différences d'appréciation des risques, des coûts et des avantages en fonction du milieu sans effacer les effets du milieu sur le niveau de réussite scolaire.

Dans le premier cas, la proportion des enfants des ouvriers qui franchissent les quatre points de bifurcation passe de 16,45 % à 27,1 % ; dans le second, de 16,45 % à 56,22 %.

La conclusion est claire : la différence dans l'appréciation des risques, des coûts et des avantages est la principale cause des inégalités scolaires.

Cette différence dans l'importance des deux facteurs est d'origine « logique », si l'on peut dire. J'entends par là que les effets des différences d'appréciation des risques/coûts/avantages sont nécessairement très importants parce qu'ils sont « exponentiels ». L'on ne peut comprendre l'importance des disparités qui apparaissent vers la fin du cursus, au niveau de l'enseignement supérieur, si l'on ne voit pas qu'elle résulte du caractère exponentiel de ces mécanismes.

Un exemple arithmétique simple rend ce point explicite : imaginons que trois classes sociales soient caractérisées par des probabilités de survie aux points de bifurcation du système scolaire de 0,70, 0,80 et 0,95. Ces probabilités proches, pourtant, les unes des autres engendrent des inégalités considérables dès qu'elles ont un effet répété dans le temps. Dans le cas de quatre points de bifurcation : $(0,70)^4 = 0,24$; $(0,80)^4 = 0,41$; $(0,95)^4 = 0,81$. Dans le cas de six points: $(0,70)^6 = 0,12$; $(0,80)^6 = 0,26$; $(0,95)^6 = 0,74$. Or, tout système scolaire, quel qu'il soit, correspond toujours à une séquence de points de bifurcation. Par conséquent, ces «orientations» successives ont toujours, de par la force des choses, des effets exponentiels.

1.7 Aspirations familiales et autosélection

J'ajoute un point important. Des données analogues à celles de l'I.N.E.D. se retrouvent dans toutes les enquêtes. Les recherches menées dans les contextes nationaux les plus divers et à tous les niveaux scolaires ont toujours montré que l'appréciation des risques, des coûts et des avantages de l'investissement scolaire varie avec le milieu. J'avais, par exemple, dans *L'inégalité des chances*, utilisé des enquêtes américaines pour montrer que cette logique joue encore au niveau de l'entrée à l'université. Toutes les observations ultérieures confirment l'universalité de ces données.

En France, un bel article de Marie Duru et Alain Mingat, *Facteurs institutionnels de la diversité des carrières scolaires*, étudie le palier d'orientation de la 5ᵉ à la 4ᵉ à partir d'un échantillon important (2500 élèves scolarisés observés en 1982-1983 dans le cadre d'une enquête longitudinale). Il montre bien que c'est «dans le moment de l'orientation que se produit l'essentiel des différences en fonction de l'origine sociale et que les inégalités de réussite n'ont qu'un faible impact».

Ces faits proviennent des mêmes causes que celles que l'enquête de l'I.N.E.D. met en évidence: dès que des doutes apparaissent – mauvaise réussite, retard scolaire – on décroche plus facilement dans les classes défavorisées. Citons Duru et Mingat: «[...] les familles ont en moyenne d'autant plus tendance à demander la 4ᵉ que les enfants sont jeunes et ont de bons résultats, mais cette autosélection s'exerce avec plus ou moins d'intensité selon les milieux sociaux [...]. Pour les élèves brillants et jeunes, les biais sociaux sont pratiquement inexistants alors que les différenciations se creusent dès lors que les élèves sont plus âgés et/ou moins bons scolairement.»

Les conseils d'orientation tendent à limiter ces effets, mais n'y parviennent que très modestement. C'est pourquoi « l'expression de la demande, telle qu'elle se formule pendant les quelques mois de la phase d'orientation, engendre autant d'inégalités sociales que celles qui se sont constituées petit à petit dans une réussite scolaire inégale au long des sept années de scolarité antérieure ».

Un article instructif de M. Duthoit, *L'orientation à l'issue du collège*, apporte de l'eau à ce même moulin. Il montre que l'orientation en 3e est marquée par un processus d'ajustement où l'influence des aspirations familiales est atténuée par le conseil d'orientation, mais dans une certaine mesure seulement: ainsi, parmi ceux dont le souhait d'accéder au cycle long n'a pas été satisfait, 41,7 % sont envoyés en redoublement dans les classes favorisées contre 21,8 % dans les classes moyennes et 22,9 % dans les classes défavorisées. Sont envoyés en cycle court: 57,3 % des élèves des classes favorisées à qui l'on a refusé le cycle long, 76,9 % des élèves des classes moyennes, 75,7 % des élèves des classes défavorisées.

Les mécanismes décrits par l'enquête I.N.E.D. se retrouvent donc partout, à tous les niveaux du cursus et, faut-il ajouter, dans tous les pays.

Il faut reconnaître, d'ailleurs, que l'importance de ces mécanismes est plus ou moins confusément reconnue. C'est ce qui explique notamment l'entêtement mis par les « décideurs » à allonger le « tronc commun » à n'importe quel prix (un prix prohibitif en termes de dysfonctionnement du système et d'insatisfaction des acteurs). L'extension du tronc commun a bien pour effet d'atténuer la valeur de l'un des paramètres: l'exposant qui caractérise les effets répétés au cours du cursus des différences d'appréciation des risques, coûts et avantages en fonction de l'origine sociale. Mais elle n'a pas le pouvoir de corriger le caractère exponentiel de ces mécanismes lui-même.

1.8 Comparaisons

Avant de conclure, je voudrais soulever un point important. Si les inégalités existent partout, si elles sont partout très fortes et si elles sont partout engendrées par les mêmes mécanismes, l'on relève quand même des différences : certaines comparaisons internationales suggèrent que, s'il paraît impossible d'éliminer les inégalités scolaires, notre impuissance à leur égard n'est pas totale.

Ainsi, une enquête de P. Perrenoud, *Stratification socioculturelle et réussite scolaire*, a montré qu'on observe, au début du secondaire, des inégalités scolaires sensiblement plus faibles à Genève qu'à Paris. Je mentionne cette étude, d'abord parce qu'elle représente l'une des rares recherches comparatives dont nous disposions. Elle s'appuie sur deux enquêtes : une enquête française qui n'est autre que l'enquête de l'I.N.E.D ; une enquête suisse conçue selon un modèle voisin. Mais la comparaison de ces enquêtes est instructive pour une autre raison : s'agissant de l'orientation à la fin du primaire, les deux structures institutionnelles sont, à l'époque de ces observations, très proches. Comme les jeunes Français des années 1960, les jeunes Genevois voient trois orientations s'ouvrir à eux à l'issue du primaire : le secondaire long, le secondaire court et la fin des études.

Lorsqu'on compare les données parisiennes aux données genevoises, l'on constate d'abord que les mécanismes générateurs d'inégalités sont exactement les mêmes à Genève qu'à Paris, mais aussi que les inégalités apparaissent sensiblement plus faibles à Genève : 10 % des enfants issus de milieux « professions libérales/ cadres supérieurs » sont orientés vers le secondaire long contre 31 % des enfants « d'ouvriers qualifiés » et de « contremaîtres » et 21 % des enfants « d'ouvriers non qualifiés » et de « manœuvres ». Le pourcentage correspondant aux deux catégories réunies est de 28 %. Le coefficient de disparité entre les deux classes extrêmes est donc de 70/28 = 2,5. À Paris (pour rendre les choses plus comparables, Perrenoud a judicieusement décidé de comparer Paris plutôt que la France à Genève : il a donc extrait de l'enquête de Sauvy et Girard les données relatives à Paris), le coefficient de disparité entre cadres supérieurs et ouvriers est de 65/12 = 5,4. Ainsi, il est plus de deux fois plus grand à Paris qu'à Genève.

Un premier type d'explication de ces différences consisterait à supposer que le système de stratification français est plus ouvert, que les différences entre le haut et le bas de l'échelle sociale sont plus importantes à Paris qu'à Genève. Si tel était le cas et si la distance sociale et culturelle entre classes extrêmes était plus marquée à Paris, cela devrait se traduire par une différence de réussite scolaire plus forte à Paris entre le haut et le bas de l'échelle sociale. Or, ce n'est pas le cas: lorsqu'on étudie la fréquence avec laquelle les enfants de cadres et d'ouvriers sont classés respectivement bons, moyens ou faibles, l'on constate que la corrélation est du même ordre de grandeur dans les deux contextes.

Ce n'est donc pas ici que gît le lièvre. En revanche, lorsqu'on examine la différence dans les probabilités qu'ont les enfants d'être orientés vers les trois voies en fonction de leur réussite et de leur origine sociale, l'impression est celle d'un très fort contraste entre les deux contextes: à réussite égale, l'orientation est, à un degré beaucoup plus faible à Genève qu'à Paris, dépendante de l'origine sociale. Le second mécanisme, celui qui, à Paris, apparut comme la cause principale des inégalités scolaires, je veux parler de la différence dans l'appréciation des coûts et des risques de l'investissement scolaire dont témoignent les différents milieux sociaux, joue à Genève un rôle beaucoup plus effacé. Pourquoi? Tout simplement parce que le système genevois de ce début des années 1960 est beaucoup plus méritocratique que le système français: l'orientation se fait en pratique en fonction des résultats scolaires. L'on ne tient pas ou peu compte des vœux des familles. On le voit au tableau suivant:

TABLEAU 1.4
**La réussite scolaire détermine plus strictement l'orientation
à Genève qu'à Paris**

	Paris			Genève		
	Orientation			Orientation		
	Secondaire long	Secondaire court	Fin d'études	Secondaire long	Secondaire court	Fin d'études
Bons	47 %	49 %	4 %	94 %	6 %	–
Moyens	19 %	53 %	28 %	12 %	86 %	2 %
Faibles	5 %	16 %	79 %	–	25 %	75 %

L'orientation est ici mécaniquement liée à la réussite. Les faibles n'accèdent pas au secondaire long et les forts ne sont jamais renvoyés en classe de fin d'études.

À Paris, le fait que les familles aient le droit d'exprimer leurs vœux a pour conséquence que la corrélation est beaucoup plus floue.

Le mystère se dissipe donc : il y a plus d'égalité à Genève parce qu'il y a moins de liberté (pour les familles d'exprimer et d'imposer leurs vœux). Au moment où ces observations sont conduites, le système d'enseignement genevois a la capacité de s'arroger l'entière responsabilité de l'orientation, tandis qu'en France, cette responsabilité est subtilement partagée entre familles et système scolaire.

1.9 Comment réduire les effets ?

J'en viens maintenant aux conclusions que l'on peut tirer des différentes études que j'ai évoquées de manière allusive.

Il ressort d'abord de ces études que les réformes pédagogiques ne peuvent espérer avoir plus qu'un effet limité sur l'inégalité, puisqu'elles n'atteignent que le premier des deux mécanismes, le moins important. Il faudrait préciser : le moins important lorsque libre jeu est laissé à l'autre.

Il en va de même de l'enseignement compensatoire : il ne faut pas trop en attendre. La théorie des deux mécanismes explique que les expériences d'enseignement compensatoire apparaissent généralement comme décevantes (du point de vue de la réduction des inégalités).

La cause principale des inégalités scolaires résulte de la combinaison de deux facteurs. Un facteur institutionnel : tout système scolaire doit bien, au-delà d'un tronc commun, proposer des choix aux élèves ; un facteur « psychosociologique » : les choix des familles et des individus sont normalement affectés par leur position sociale.

L'on ne peut évidemment étendre sans limite le tronc commun. À mesure que la population scolaire est plus hétérogène, il faut au contraire multiplier les différenciations, de manière à ce qu'augmentent les chances que chacun trouve chaussure à son pied. Une prolongation excessive du tronc commun, si elle peut abaisser dans une faible mesure les inégalités, a surtout pour effet de donner à un nombre croissant d'élèves l'impression fondée que le système scolaire ne répond pas à leurs attentes. L'allongement excessif du tronc commun produit donc nécessairement des dérèglements du système et une insatisfaction des acteurs : élèves, familles, aussi bien qu'enseignants et responsables des établissements.

L'on ne peut pas non plus éliminer les processus psychosociologiques naturels qui font que les ambitions et les aspirations se déterminent en partie par référence à la situation familiale.

Je ne vois donc que trois manières de limiter les effets de la combinaison de ces deux facteurs.

La première consiste à essayer de substituer aux choix brutaux (filière longue/courte, filière « scientifique »/« littéraire », etc.) des choix qui engagent moins l'avenir. Mais il ne faut pas se faire trop d'illusions sur les effets de cette médecine douce. Le choix de l'allemand plutôt que de l'anglais en première langue, le choix d'une section comportant quelques heures de mathématiques de plus sont des choix « doux ». En fait, à partir du moment où ils prennent une valeur stratégique, ils engagent beaucoup l'avenir.

La seconde consiste à agir sur les coûts : ils pèsent davantage sur les familles défavorisées que sur les autres. Des bourses d'études peuvent venir corriger le système. Mais les coûts ne représentent pas le mécanisme générateur d'inégalités le plus essentiel.

La troisième, peut-être la seule manière vraiment efficace d'agir sur les inégalités, consiste à renforcer la dépendance de la carrière scolaire de l'élève par rapport à ses résultats. Sans doute la participation de la famille aux décisions d'orientation est-elle indispensable. Mais elle est source d'effets pervers dans un système scolaire qui tend à considérer les notions d'aptitude, de performance, de résultats ou de mérite comme des archaïsmes condamnés par le sens de l'histoire (lequel a décidément la vie dure).

Finalement, la seule façon efficace de lutter – comme on dit dans un vocabulaire qui trahit son origine – contre l'inégalité des chances scolaires consiste à réaffirmer l'idée simple que l'école a une fonction primordiale d'apprentissage, qu'elle est un lieu où sont enseignés des savoirs et des savoir-faire, qu'elle ne peut fonctionner de façon satisfaisante que si les effets de l'apprentissage y sont contrôlés de manière fiable et que si le devenir de l'enfant dans le système scolaire est directement dépendant de ses performances. Une fois les fonctions naturelles de l'école – apprentissage et contrôle de l'apprentissage – affirmées, l'on peut alors renforcer la dépendance du devenir scolaire par rapport aux performances – et, ainsi, atténuer les effets inégalitaires des aspirations des familles.

1.10 Faire l'inverse de ce que l'on raconte

Bref, il paraît avisé de faire l'inverse de ce que recommande le rapport Gros-Bourdieu : « l'importance excessive accordée à la trilogie « lire, écrire, compter » [...] mettant l'accent sur les performances [...], peut, à bon droit, être considérée comme l'un des facteurs de l'échec scolaire [...] ». « Il semble que l'examen n'est ni nécessaire ni suffisant. »

Il existe des inégalités scolaires, le système scolaire français est malade de l'échec scolaire, nous dit ce rapport. Cassons le thermomètre. Cessons de juger et d'évaluer les enfants : il n'y aura plus ni inégalités ni échecs.

Si ces avis étaient pris au sérieux, l'on voit facilement les conséquences qui en résulteraient. Je passe sur celles qui ne me concernent pas ici mais qui n'en sont pas moins importantes : si l'école n'était plus définie par une fonction et un objectif principal, la transmission du savoir, il en résulterait un désarroi encore plus grand des « enseignants », qui ne percevraient plus le sens de leur activité et de leur vie professionnelle. De manière générale, les établissements deviendraient encore plus ingérables. « L'anomie » s'y étendrait.

De plus, ces coûts individuels et collectifs considérables seraient imposés pour rien. Destinée à renforcer l'égalité, cette politique contribuerait à augmenter « l'inégalité des chances ».

S'agissant de la réflexion sur l'éducation, la fin des idéologies dont on nous rebat les oreilles se fait un peu attendre.

Chapitre 2

CHEMINEMENTS SCOLAIRES
DES ÉTUDIANTS EN FIN D'ÉTUDES
SECONDAIRES : UNE ANALYSE
COMPARATIVE DES SECTEURS
FRANÇAIS ET ANGLAIS AU QUÉBEC[1]

Alain Massot[2]

Dans *Schooling in Capitalist America,* les économistes Samuel Bowles et Herbert Gintis préconisent une inversion de l'approche sociologique du système scolaire : « Nous avons vu, disent-ils, que les réformes libérales en éducation et les théories sociologiques sur lesquelles elles sont basées ont échoué à cause d'une compréhension inadéquate du système économique. Nous n'avons pas l'intention de répéter ces erreurs. Nous devons consacrer nos efforts à l'analyse des institutions économiques des États-Unis pour fonder une véritable théorie de rechange en éducation » (Bowles et Gintis, 1976, p. 53). Cette prise de position repose sur un postulat qu'on retrouve également chez Baudelot et Establet : « Tout ce qui se passe à l'école [...] ne peut s'expliquer que par ce qui se passe en dehors de l'école, c'est-à-dire dans la division capitaliste

---

1. Article publié dans la revue *Recherches sociographiques,* n° 3, 1979, p. 383-401. Cette étude s'inscrivait dans le cadre du projet ASOPE. On trouvera plus de détails dans : Bélanger, P. W., Rocher, G., Le projet de recherche : Étude des aspirations scolaires et des orientations professionnelles des étudiants (ASOPE), *L'orientation professionnelle,* 1972, 8 (2), 114-127. L'auteur tient à remercier le ministère de l'Éducation du Québec (FCAC-DGES) pour son appui financier ainsi que Simon Langlois et Nicole Gagnon, qui ont suggéré quelques modifications nécessaires pour une meilleure compréhension de l'exposé.
2. Alain Massot est professeur à la Faculté des sciences de l'éducation de l'Université Laval. Il est membre du Groupe international de recherche sur l'emploi (GIRE-IRGE), Montréal.

du travail » (Baudelot, C. et Establet, R., 1975, p. 9). Poser ainsi le problème des liens fonctionnels entre le système scolaire et les rapports sociaux tels qu'institués est fondamental mais insuffisant si on ne résout pas en même temps un sérieux dilemme, à savoir comment la fonctionnalité globale de reproduction du système scolaire est-elle assurée par l'agrégation d'actions individuelles, et réciproquement ? Ce dilemme fait intervenir non plus un mais deux postulats fondamentaux. Le premier définit la fonctionnalité globale du système scolaire par sa fonction de reproduction-distribution des individus dans les rapports sociaux. Le deuxième postulat définit une intentionnalité des acteurs sociaux. Il est indispensable, me semble-t-il, de tenir compte simultanément de ces deux postulats afin d'éviter deux déviations sociologiques : l'une faisant de la reproduction sociale une analyse de structures et de l'acteur social un inconnu ; l'autre faisant de la reproduction sociale une analyse de mobilité s'expliquant en termes de dispositions, de motivations, d'aspirations individuelles.

S'il est vrai que tout système social doit se reproduire, il faut bien qu'il se reproduise à partir de quelque chose. En d'autres termes et pour simplifier les choses, s'il y a des bourgeois et des prolétaires, il est nécessaire de produire des petits bourgeois et des petits prolétaires ! Comment cette « production » est-elle vécue ? C'est bien d'un vécu qu'il s'agit, car il n'est pas vrai que tout choix a la réalité d'un choix forcé. Les destins de vie se constituent par séquences décisionnelles intervenant dans des champs de possibles délimités : « L'existence de régularités sociales, souligne Boudon, n'implique ni que les comportements individuels puissent être déduits de façon plus ou moins directe des structures sociales, ni qu'ils puissent être tenus pour le produit pur et simple de ces structures. » (Boudon, R., 1977, p. 241). La problématique de la reproduction sociale renouvelée par Bertaux présente une meilleure intégration de l'analyse des structures et de celle des destins de vie. « Il s'agit de mettre en lumière, dit-il, les structures des rapports sociaux organisant les trajectoires sociales, qui, quant à elles, sont vécues comme des destinées par les êtres humains qui les suivent. » (Bertaux, D., 1977, p. 9).

C'est dans cette perspective et sur la base de ces deux postulats, que nous analysons les cheminements scolaires dans les secteurs français et anglais du Québec. Cette analyse comparative de deux systèmes scolaires constitués sur un critère linguistique, desservant par conséquent des populations distinctes, devrait faire ressortir la spécificité (ou la non-spécificité) de la fonctionnalité globale de la reproduction de chaque système, ainsi que la spécificité (ou la non-spécificité) des stratégies individuelles de scolarisation à l'intérieur de chacun.

Le concept de réseau scolaire tel que défini par Snyders (1976) et le postulat de la rationalité de l'acteur tel que développé par Boudon (1973)[3] offrent deux points d'ancrage particulièrement efficaces pour cerner de plus près le dilemme posé.

La notion de réseau appliquée au système scolaire implique que: 1) dans chaque réseau, il existe des points de bifurcation prédéfinis en deçà desquels s'inscrit un processus de qualification particulier; 2) chaque réseau opère un recrutement préférentiel de sorte que les cheminements scolaires (orientation, survie) dépendent de la position sociale des parents; de plus, la composition sociale de chaque réseau doit être homogène; 3) ces réseaux sont hiérarchisés de telle sorte que le réseau général soit inaccessible à partir du professionnel; les transferts possibles ne peuvent être que du général au professionnel; 4) enfin, les réseaux conduisent les élèves à des places spécifiques dans la structure professionnelle telle qu'elle existe à un moment donné. Ce sont les conditions minimales de la fonction de reproduction de l'appareil scolaire. Nous évaluons, ci-après, l'adéquation de cette conception dualiste de l'école dans le secteur français et dans le secteur anglais à partir d'une cohorte de jeunes qui a été suivie du secondaire V (1971-1972) à l'université (1974-1975)[4].

Refusant de considérer les comportements individuels comme un simple produit des structures sociales, nous analysons, dans un deuxième temps, les processus décisionnels d'orientation

---

3. Voir, *supra*, Introduction.
4. Pour une description sommaire des échantillons, voir la note méthodologique ci-dessus.

scolaire en secondaire V général, en utilisant l'axiome fondamental du modèle de l'inégalité des chances de Boudon. Cet axiome s'énonce ainsi : « On peut associer à chaque point de bifurcation un champ décisionnel caractéristique de chaque position sociale, dans lequel interviennent des paramètres de coûts, de risques et de bénéfices anticipés. » (Boudon, 1973, p. 108). Bien entendu, ces processus décisionnels font partie intégrante du processus global de qualification-distribution des acteurs.

2.1 Évolution de deux cohortes scolaires : secteur français et secteur anglais

A) *Secteur français*[5]

L'évolution générale d'une cohorte de jeunes dans le secteur français fait ressortir les faits suivants :

1. Les étudiants en secondaire V professionnel sont arrivés au terme de leur scolarité et abandonnent l'école dans une proportion de 86 %. Les points de filtration pour 41 % des étudiants en secondaire V se situent donc à un niveau antérieur, tout au long du secondaire, voire du primaire (graphique 2.1).

2. Quarante pour cent des étudiants du secondaire V général passent en CEGEP I général ; 29 % s'orientent vers le CEGEP I professionnel ; 26 % abandonnent. Le CEGEP professionnel est alimenté par les étudiants du secondaire V général ; sur 2070 étudiants en CEGEP I professionnel, 722 proviennent du secondaire V général.

3. À partir du CEGEP I professionnel, les taux de passage jusqu'en CEGEP III plafonnent à 0,82 et 0,86. Le taux de rétention du réseau professionnel est donc très élevé (0,71).

---

5. Notons que cette partie de l'analyse repose sur *l'ensemble* du secteur français que nous comparons à l'ensemble du secteur anglais. Dans une autre étude (cf. chap. 3), nous n'avons retenu que le secteur français *public*, ce qui explique les différences minimes entre les taux de transition présentés dans ces deux analyses.

CHAPITRE 2 – CHEMINEMENTS SCOLAIRES DES ÉTUDIANTS 37

GRAPHIQUE 2.1
Évolution de la cohorte 1971-1975, secteur français (sur la base de 10 000 effectifs en secondaire V)

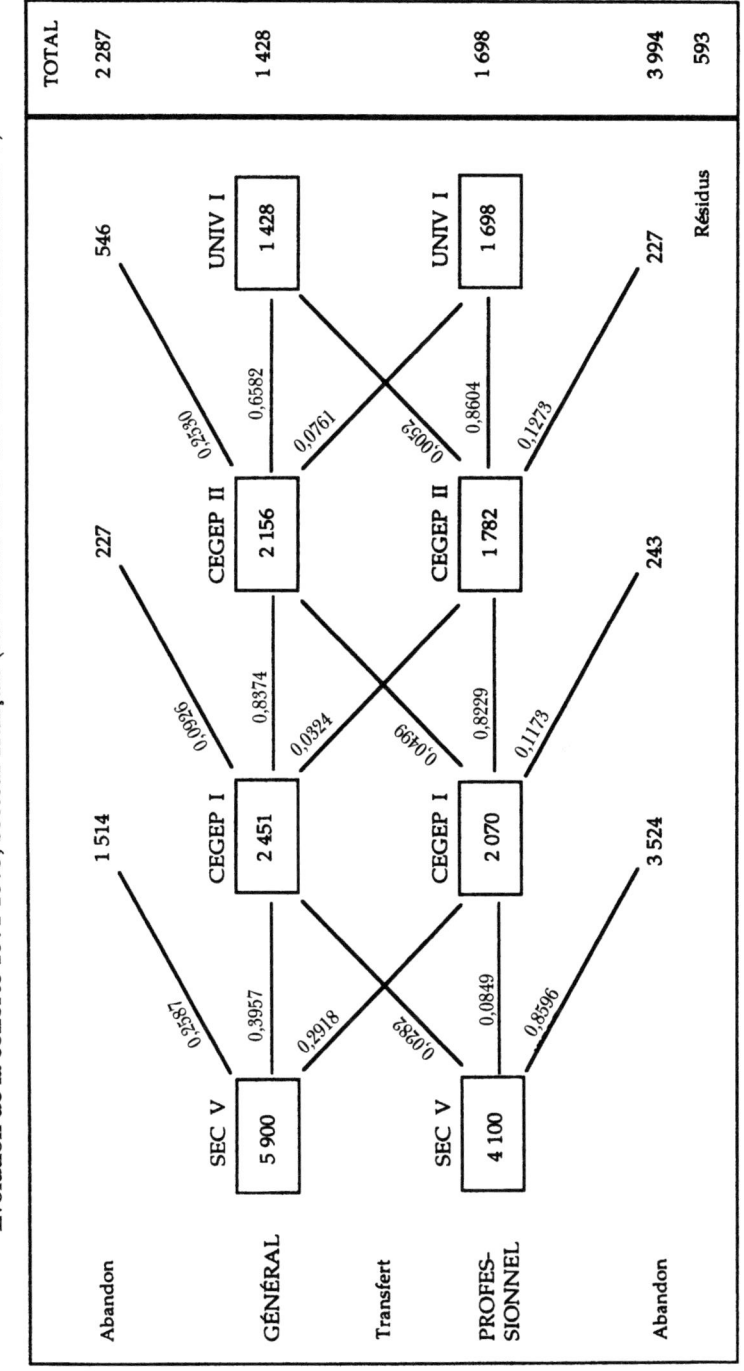

4. La transition du CEGEP I général au CEGEP II général se concrétise pour 84 % des étudiants.
5. De ceux-ci, 66 % entrent à l'université et 25 % abandonnent.
6. Au total, sur 10 000 étudiants en secondaire V, 1428 entrent dans l'enceinte universitaire, 1698 terminent leur CEGEP professionnel et 6281 abandonnent sur cette section du cursus scolaire.

De cette vision globale des cheminements scolaires entre le secondaire V et l'université ou le CEGEP III, il ressort des points de bifurcation prédéfinis dont l'importance stratégique est liée au réseau scolaire. Le secondaire V et le CEGEP III professionnels constituent des classes terminales qui s'ouvrent unilatéralement sur le marché du travail. Les transferts du professionnel au général sont interdits. Les seuls transferts d'orientation significatifs vont du secteur général au secteur professionnel. Le secondaire V général et le CEGEP II général constituent des points de bifurcation stratégiques puisqu'ils structurent des alternatives de cheminement. Nous constatons donc que le secondaire général ne prédétermine pas les destins scolaires au niveau collégial mais délimite plutôt un champ décisionnel à trois voies : formation professionnelle, générale ou abandon. De plus, la formation collégiale générale offre une garantie limitée d'une scolarité universitaire. De l'autre côté, le secondaire et le collégial professionnels délimitent nécessairement une seule issue : le marché du travail. Ils excluent, par conséquent, tout champ décisionnel pour l'acteur.

B) *Secteur anglais*

La configuration des réseaux, des transferts et de la sélection scolaire dans le secteur anglais produit une évolution d'une cohorte de jeunes largement différente de celle présentée ci-dessus. Le premier fait d'importance tient à l'ampleur relative du réseau général par rapport au réseau professionnel. En secondaire V, 88 % des étudiants sont inscrits en formation générale, comparativement à 59 % dans le secteur français. L'inflation du réseau général en secondaire V va provoquer toute une série de

Chapitre 2 – Cheminements scolaires des étudiants

Graphique 2.2
Évolution de la cohorte 1971-1975, secteur anglais (sur la base de 10 000 effectifs en secondaire V)

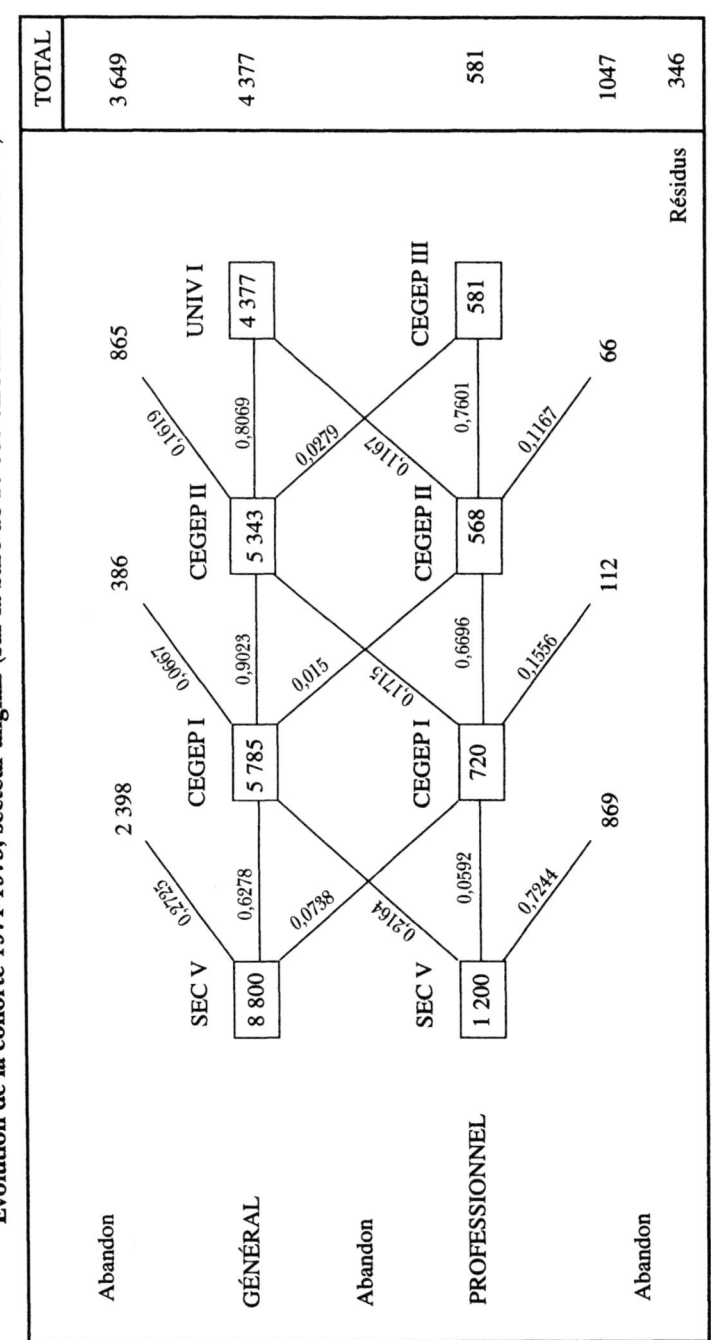

« distorsions » sur les taux de transition jusqu'à l'université, comparativement à ceux du secteur français.

1. Le taux de survie en secondaire V général atteint .70. Il se compare à celui du secteur français, à la différence près que 90 % des jeunes étudiants s'orientent vers le CEGEP général, alors qu'ils le font dans une proportion de 60 % dans le secteur français.

2. Autre fait particulier : 22 % des étudiants en secondaire V professionnel réintègrent le réseau général en CEGEP I, transferts invisibles dans le secteur français. D'ailleurs, cette récupération se reproduit en CEGEP I et CEGEP II professionnels dans une proportion de 17 % et de 11 %. On constate donc que le réseau général est moins hermétique aux étudiants du professionnel que dans le secteur français.

3. Le taux d'abandon global du côté général est de 3649/8800, soit 0,41. Il se compare à celui du secteur français (0,39). Du côté professionnel, il s'élève à 0,81 et se compare également à celui du secteur français (0,97). Cependant, et c'est là une autre marque distinctive, sur 10 000 étudiants en secondaire V, 4596 jeunes ont abandonné leurs études avant l'université ou le CEGEP III. Il y en a 6281 dans le secteur français, soit 34 % de plus.

4. Notons encore que 44 % des jeunes du secteur anglais en secondaire V entrent à l'université (c'est trois fois plus que dans le secteur français), alors que seulement 6 % finissent en CEGEP III professionnel (c'est trois fois moins que dans le secteur français).

À la différence du secteur français, on peut dire que le secondaire général anglais prédétermine l'option générale au niveau collégial dans une proportion de 63 %. De plus, la scolarité au CEGEP général constitue une garantie d'accès à l'université dans 73 % des cas. Les étudiants du secteur anglais ne semblent donc pas développer en grand nombre des aptitudes techniques et professionnelles. Mais est-ce bien un fait d'aptitudes et de motivations plutôt qu'un fait de structures ?

2.2 LA COMPOSITION SOCIALE DES RÉSEAUX EN FIN DE SECONDAIRE[6]

La composition sociale des réseaux résulte des processus de recrutement, de transfert et de sélection selon l'origine sociale et, par ailleurs, traduit l'homogénéité sociale de chacun. Le tableau 2.1 en donne une image transversale pour le secteur français en secondaire V. On constate que ces processus ont polarisé les étudiants de milieu culturel familial élevé dans le réseau général à 83 %, polarisation qui s'amenuise à 57 % pour les étudiants de milieu culturel familial bas. Étant donné que le réseau professionnel conduit unilatéralement sur le marché du travail, c'est près de la moitié des jeunes de milieu culturel bas (niveau élémentaire ou moins) qui sortent du système scolaire en secondaire V. De ce fait, la composition sociale de chaque réseau diffère significativement : les étudiants de milieu culturel favorisé (niveau collégial et universitaire) représentent 32 % des effectifs du réseau général et 18 % dans le réseau professionnel. Mais il faut souligner en même temps que l'on n'atteint pas une homogénéité très élevée à l'intérieur de chaque réseau. Le critère d'homogénéité sur cette dimension de l'origine sociale ne se vérifie pas.

Du côté anglais, on ne constate aucune polarisation différentielle dans les réseaux selon le niveau culturel familial (tableau 2.2). Cette observation se vérifie également selon la langue maternelle (tableau 2.3). Les étudiants se retrouvent massivement dans le réseau général (entre 92 % et 97 %) et cela, peu importe la qualité de leur milieu d'origine. Ce résultat soulève plusieurs interprétations qu'il est difficile de démêler à ce stade de l'analyse : est-ce un effet de présélection équivalant à une sursélection qui élimine tous les candidats moins aptes ? Est-ce un effet de la qualité des ressources matérielles et humaines dans le secteur anglais ? Est-ce tout simplement un effet structurel relevant de la composition sociale de la clientèle du secteur anglais ?

---

6. Afin d'augmenter la qualité de l'analyse comparative, nous avons retenu seulement les effectifs du secteur public dans la région de Montréal pour la suite de l'analyse.

TABLEAU 2.1

Orientation scolaire en secondaire V, selon le niveau culturel familial, secteur français public, région de Montréal, 1971-1972 (en %)

Niveau culturel	Orientation				Total
	Générale		Professionnelle		
	h	v	h	v	
Universitaire	83,4	10,7	16,6	4,4	8,7 (n=187)
Collégial	77,1	21,4	22,9	13,3	18,8 (n=406)
Secondaire	67,7	42,6	32,3	42,8	42,7 (n=922)
Élémentaire	57,4	22,4	42,6	34,9	26,4 (n=570)
Élémentaire incomplet	56,8	2,9	43,2	4,6	3,4 (n=74)
Total	67,7	100,0	32,3	100,0	100,0 (n=2159)

$X^2 = 69,42$; d.l. = 4 ; $p < 0,001$; v = 18
(h : pourcentages horizontaux ; v : pourcentages verticaux)

En termes de composition sociale des réseaux, on observe une certaine sous-représentation relative des élèves de milieu culturel élevé (universitaire) en professionnel mais, dans l'ensemble, le réseau général et le réseau professionnel sont constitués de 90 % et 87 % d'élèves dont le niveau culturel familial minimum équivaut au secondaire. Ces pourcentages atteignent respectivement 75 % et 60 % dans les réseaux du secteur français. Le secteur anglais dessert une génération de jeunes dont les parents sont plus scolarisés que dans le secteur français. Comment cela se traduit-il en termes de résultats scolaires des élèves en secondaire V ? Et dans quelle mesure les cheminements scolaires ultérieurs sont-ils conditionnels à la performance scolaire en secondaire V ?

TABLEAU 2.2
Orientation scolaire en secondaire V, selon le niveau culturel familial, secteur anglais public, région de Montréal, 1971-1972 (en %)

Niveau culturel	Orientation				Total
	Générale		Professionnelle		
	h	v	h	v	
Universitaire	97,3	28,6	2,7	12,7	27,6 (n=548)
Collégial	93,6	22,0	6,4	23,7	22,1 (n=438)
Secondaire	92,5	39,7	7,5	50,9	40,4 (n=800)
Élémentaire	91,8	8,4	8,2	11,9	8,6 (n=171)
Élémentaire incomplet	96,2	1,3	3,8	0,8	1,3 (n=26)
Total	94,0	100,0	6,0	100,0	100,0 (n=1983)

$X^2 = 15,42$; d.l. = 4 ; $0,001 < p < 0,01$; v = 0,09

TABLEAU 2.3
Orientation scolaire en secondaire V, selon la langue maternelle, secteur anglais public, région de Montréal, 1971-1972 (en %)

Langue maternelle	Orientation		Total
	générale	professionnelle	
Française	90,8	9,2	100,0 (n=130)
Anglaise	93,6	6,4	100,0 (n= 1789)
Autre	94,9	5,1	100,0 (n=277)

2.3 LES RÉSULTATS SCOLAIRES ET LE POSTULAT DE LA RATIONALITÉ DE L'ACTEUR

Les résultats scolaires, et tout l'appareillage « quantophrénique » à l'entour, constituent la clé de tout un discours idéologique relevant de la méritocratie. Or, comme le démontre avec force Michel Tort (1975), la situation de test, et, d'une façon plus large, la notation, n'est pas neutre socialement : elle constitue un rapport social. Et ce rapport social est un élément essentiel de la reproduction sociale. Pour Bourdieu, « l'inégale distribution entre les différentes classes sociales du capital linguistique scolairement rentable constitue une des médiations les mieux cachées par lesquelles s'instaure la relation (que saisit l'enquête) entre l'origine sociale et la réussite scolaire ». (Bourdieu, P., 1970, p. 144).

Nous voulons montrer, premièrement, l'importance relative des résultats scolaires en secondaire V général pour la scolarisation ultérieure ; en second lieu, la trace de ce rapport social entre l'origine sociale, les résultats scolaires en secondaire V général et les cheminements scolaires ultérieurs.

Les tableaux 2.4 et 2.5 traduisent la relation entre les résultats scolaires et les cheminements scolaires. Il existe une relation positive entre la probabilité de passage au CEGEP général et la notation, tant dans le secteur français que dans le secteur anglais. Cette association est particulièrement élevée puisque les chances d'entrer au CEGEP général avec des notes faibles sont fortement réduites : 0,20 dans le secteur français et 0,37 dans le secteur anglais, comparativement à 0,63 et 0,90 pour les étudiants ayant des notes excellentes.

Notons que les transferts du secondaire V vers le CEGEP professionnel ne sont pas liés aux résultats scolaires. Par contre, le nombre de stationnaires et d'abandons augmente fortement avec des résultats plus faibles. Deux différences majeures apparaissent entre les deux secteurs : 1) la faible importance du réseau professionnel dans le secteur anglais (que l'on a déjà observée) ; 2) inversement, « l'hypertrophie relative » du réseau général dans le secteur anglais. Si bien que les étudiants du secteur anglais avec des résultats excellents suivent massivement (à 90 %)

TABLEAU 2.4
Cheminement scolaire en secondaire V général, selon les résultats scolaires en secondaire V, secteur français public, région de Montréal, 1971-1972 (en %)

Résultats scolaires	Cheminement scolaire				Total
	CEGEP général	CEGEP profess.	Stationnaire	Abandon	
Excellents	0,63	0,23	0,04	0,10	19,6 (n=233)
Moyens	0,43	0,27	0,08	0,22	46,3 (n=549)
Faibles	0,20	0,22	0,15	0,43	34,1 (n=404)
Total	0,39	0,25	0,09	0,27	100,0 (n=1186)

$X^2 = 164,70$; d.l. = 6 ; $p < 0,001$; v = 0,26

TABLEAU 2.5
Cheminement scolaire en secondaire V général, selon les résultats scolaires en secondaire V, secteur anglais public, région de Montréal, 1971-1972 (en %)

Résultats scolaires	Cheminement scolaire				Total
	CEGEP général	CEGEP profess.	Stationnaire	Abandon	
Excellents	0,90	0,04	0,01	0,05	27,6 (n=361)
Moyens	0,66	0,09	0,06	0,19	35,0 (n=457)
Faibles	0,37	0,06	0,18	0,39	37,4 (n=489)
Total	0,62	0,06	0,09	0,23	100,0 (n=1307)

$X^2 = 280,54$; d.l. = 6 ; $p < 0,001$; v = 0,33

une formation générale au niveau collégial. Et même les étudiants avec des résultats scolaires faibles poursuivent malgré cela une formation générale dans une proportion de 37 %. La performance scolaire engendre donc un effet de sélection moins drastique dans le secteur anglais que dans le secteur français.

Ces données montrent bien l'importance des résultats scolaires dans le processus de sélection. Cela réaffirme l'intérêt de la problématique des inégalités d'héritage culturel puisque celle-ci établit une relation entre le milieu d'origine et la performance scolaire. Cela réaffirme également la pertinence de ce paramètre (la réussite scolaire) dans le champ de la rationalité de l'acteur puisque les risques d'abandon ultérieurs dépendent des résultats scolaires.

Les tableaux 2.6 et 2.7 fournissent des éléments de réponse à ces problématiques. Premièrement, on constate une variation de la notation en secondaire V selon le niveau culturel familial dans les secteurs français et anglais. Cette relation n'est cependant pas considérable à ce stade. Nous avons montré, par ailleurs, que celle-ci disparaissait ultérieurement à partir du CEGEP, non pas à cause d'un processus d'autonomisation des élèves par rapport à leur milieu d'origine, mais à cause d'un processus d'homogénéisation de la clientèle scolaire sur la base des résultats scolaires.

Plus importante est l'analyse de la variation relativement complexe des taux de passage en CEGEP I général, selon les résultats scolaires, en secondaire V général et selon le milieu culturel familial. Les taux de passage pour un niveau de réussite et d'origine sociale donné varient de 0,69 à 0,13 dans le secteur français, de 0,94 à 0,35 dans le secteur anglais. L'ampleur de cette variation est sensiblement identique dans les deux secteurs, à la différence qu'elle se situe à un niveau plus élevé dans le secteur anglais.

On remarque que, à réussite scolaire égale, les jeunes de milieu culturel défavorisé ont, en général, moins de chances de poursuivre leurs études que les jeunes de milieu culturel favorisé. Cela se vérifie pour chaque niveau de réussite scolaire dans le secteur français, pour un niveau de réussite moyen et bas dans le secteur anglais. Seuls les étudiants du secteur anglais dont les résultats sont excellents semblent être entièrement protégés des effets « négatifs » de leur milieu d'origine. Le principe de la méritocratie s'applique parfaitement à cette sous-catégorie d'étudiants du secteur anglais, mais l'ensemble des résultats souligne en même temps le caractère exceptionnel de ce principe. Cette observation est fondamentale parce que la variable « réussite scolaire » recouvre, en grande partie du moins, le processus d'apprentissage des manières et des langages de l'univers scolaire. Le rapport social que l'on identifie dans le processus de notation, et qui est interprété comme un phénomène d'inégalités d'héritage culturel, est, par conséquent, insuffisant pour expliquer les variations des taux de passage à ce stade du cursus scolaire.

TABLEAU 2.6A
Résultats scolaires en secondaire V général, selon le niveau culturel familial, secteur français public, région de Montréal, 1971-1972 (en %)

Niveau culturel	Résultats scolaires			Total
	Excellents	Moyens	Faibles	
Élevé	0,20	0,50	0,30	1,00 (n=463)
Moyen	0,20	0,47	0,33	1,00 (n= 616)
Bas	0,15	0,43	0,42	1,00 (n=366)
Total	0,19	0,47	0,34	1,00 (n=1445)

$X^2 = 13,86$; d.l. = 4 ; $0,001 < p < 0,01$; v = 0,07

Tableau 2.6B
Taux de passage en CEGEP I général, selon les résultats scolaires et le niveau culturel familial, secteur français public, région de Montréal, 1971-1972[5]

Niveau culturel	Résultats scolaires					
	Excellents		Moyens		Faibles	
	N	%	N	%	N	%
Élevé	72	0,69	157	0,63	92	0,29
Moyen	105	0,62	227	0,39	144	0,19
Bas	43	0,56	126	0,24	127	0,13

Tableau 2.7A
Résultats scolaires en secondaire V général, selon le niveau culturel familial, secteur anglais public, région de Montréal, 1971-1972 (en %)

Niveau culturel	Résultats scolaires			Total
	Excellents	Moyens	Faibles	
Élevé	0,39	0,33	0,28	1,00 (n=517)
Moyen	0,23	0,39	0,38	1,00 (n=395)
Bas	0,22	0,35	0,43	1,00 (n=905)
Total	0,27	0,35	0,38	1,00 (n=1817)

$X^2 = 58,62$; d.l. = 4 ; $p < 0,001$; $v = 0,13$

---

5. Les taux de passage se lisent comme suit : 69 % des étudiants en secondaire V général, d'origine sociale élevée, ayant des résultats scolaires excellents, passent au CEGEP I général.

TABLEAU 2.7B

Taux de passage en CEGEP I général, selon les résultats scolaires et le niveau culturel familial, secteur anglais public, région de Montréal, 1971-1972

Niveau culturel	Résultats scolaires					
	Excellents		Moyens		Faibles	
	N	%	N	%	N	%
Élevé	132	0,94	98	0,78	86	0,48
Moyen	62	0,87	79	0,76	83	0,34
Bas	125	0,89	215	0,55	237	0,35

La structure de la variation des taux de passage présente une autre caractéristique importante : l'effet conditionnel des résultats scolaires sur les taux de passage n'a pas le même poids selon l'origine sociale, tant dans le secteur français que dans le secteur anglais. Le fléchissement des taux de passage entre résultats excellents et moyens est plus accentué pour les élèves d'origine sociale inférieure que pour les élèves d'origine sociale supérieure (cf. graphique 2.3).

C'est seulement avec des résultats faibles que les taux de passage tombent brusquement. Nous constatons donc que les mécanismes de compensation des risques d'échecs (à cause d'aptitudes scolaires inférieures) sont plus efficaces dans un milieu familial favorisé que dans un milieu familial défavorisé, à l'exception des élèves avec résultats faibles. Compensation telle que, dans le secteur français surtout, les taux de passage des élèves de milieu culturel élevé se stabilisent à un haut niveau, qu'ils aient des résultats excellents ou moyens. Cela signifie également que la valorisation des options scolaires ne se fait pas d'une manière absolue, mais bien en fonction du niveau culturel familial. Poursuivons l'interprétation dans les termes de Boudon : « Lorsque la réussite présente est médiocre, une unité familiale s'estimera « satisfaite » si l'enfant a atteint un niveau scolaire lui permettant d'espérer un statut égal ou supérieur au sien, même si ce statut n'est pas très élevé. Par contre, une unité familiale de niveau élevé

Graphique 2.3
Taux de passage en CEGEP I général, selon les résultats scolaires en secondaire V et le niveau culturel familial, secteurs français et anglais, région de Montréal, 1971-1972

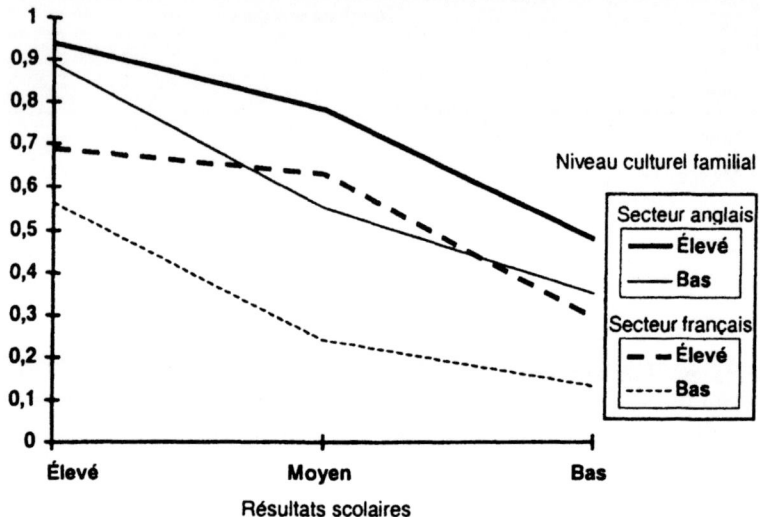

Source : tableaux 2.6B et 2.7B.

s'efforcera (il faudrait ajouter : en moyenne plus fréquemment) de « pousser » l'enfant de manière à lui éviter de « déchoir » même si la réussite est médiocre. » (Boudon, R., 1977, p. 234). Nous parlons alors de rationalité culturelle, ou de logique décisionnelle d'ordre culturel, au sens précis où les taux de passage se structurent selon la dimension culturelle du milieu familial. Remarquons que cette interprétation n'implique nullement un retour au mode d'explication hyperculturaliste qui utilise un registre explicatif de type déterministe, selon lequel la conduite des acteurs fonctionne comme un *habitus* de classe. En effet, l'hyperculturalisme fait de l'action sociale « une résultante exclusive d'éléments antérieurs à l'action » (Boudon, R., 1977, p. 239). « Pourquoi, souligne Boudon, faudrait-il supposer une inflexibilité systématique des montages dus au processus de socialisation par rapport aux changements des situations et positions sociales dans lesquelles les individus peuvent se trouver à tel ou tel moment?» (Boudon, R., 1977, p. 239). Ces données infirment le caractère inflexible et systématique des montages résultant de l'intériorisation des normes et valeurs propres à chaque classe ou groupe social, puisque la décision de poursuivre des études de formation générale en secondaire V repose sur la prise en considération simultanée de paramètres conjoncturels (les résultats scolaires) et de paramètres prévisionnels (bénéfices anticipés), lesquels engendrent une structure complexe (interactionnelle) s'ils sont mis en relation avec des paramètres antérieurs à l'action (le niveau culturel familial).

Il faut, en outre, réinterpréter la signification sociologique du statut culturel familial. Rappelons que cette dimension est mesurée par le diplôme le plus élevé des parents. Dans la mesure où, comme le dit Bertaux, « le diplôme assure une certaine position sociale : travail d'exécution si on ne l'a pas, activité d'encadrement si on l'a » (1977, p. 226), cette dimension est importante, non pas en tant qu'indice de bagage culturel qui serait hérité, mais en tant que droit d'accessibilité à un statut d'agent d'encadrement avec garantie contre le risque d'exercer une activité d'exécution. En faisant référence à « l'effet de diplomation », nous nous éloignons d'une conception « bancaire » du capital culturel, qui serait amassé sur les étagères de la bibliothèque familiale, pour se rapprocher d'une conception plus « utilitaire » de la rationalité de l'acteur.

*
* *

En accordant un statut à l'acteur, nous esquivons le piège d'une conception « ferroviaire[7] » de l'école selon laquelle les destins scolaires des étudiants seraient prédéterminés par un finalisme caricatural du système scolaire destiné à reproduire mécaniquement la division de la société en classes sociales. L'intégration théorique de la fonctionnalité globale de reproduction du système scolaire avec l'analyse des cheminements scolaires réels qui

---

7. En anglais, on utilise l'expression *tracking system*.

sont vécus comme des destinées n'est pas simple. La notion de réseau permet d'éclaircir le problème.

Dire que le système scolaire est structuré en réseaux renvoie à un certain nombre de propriétés facilement identifiables et vérifiables :

1. L'existence de points de bifurcation prédéfinis. Le réseau professionnel, dans le secteur français par exemple, conduit unilatéralement sur le marché du travail, en secondaire V et en CEGEP III. Cela est moins systématique dans le secteur anglais puisqu'un certain nombre de transferts du professionnel au général sont possibles. Par le fait même, les réseaux du secteur anglais sont moins hermétiques que dans le secteur français.

2. L'acquisition de pratiques scolaires spécifiques à chaque réseau.

3. La distribution des élèves à certaines places, et pas à d'autres, dans la structure professionnelle.

Il est clair que l'on peut faire l'économie du postulat de la rationalité de l'acteur lorsque les propriétés structurelles du système scolaire prédéterminent les cheminements. Si 90 % des élèves en secondaire V professionnel sortent du système scolaire, c'est parce qu'il s'agit d'un point de bifurcation prédéfini et non stratégique pour l'acteur à ce stade. Si la majorité de ces élèves se retrouvent dans des postes d'agents d'exécution, c'est parce que le système scolaire est ainsi construit. Nous touchons à la fonctionnalité globale du système scolaire ayant pour finalité la qualification-distribution des acteurs dans les rapports sociaux. Et sur ce point apparaît une différence majeure entre le système scolaire anglophone et le système scolaire francophone. Du fait que le réseau général soit accessible à partir du professionnel, du fait que le réseau professionnel soit réduit au minimum, le secteur anglais assume une fonction de reproduction spécifique à la clientèle élitiste qu'il dessert.

Définir le système scolaire comme une suite de points de bifurcation ne paraît pas très original à première vue. Cette conception a pourtant des conséquences considérables aux niveaux théorique et empirique puisqu'elle permet d'ancrer l'analyse des processus décisionnels. Et c'est finalement l'agrégation de ces processus décisionnels qui rend compte du caractère plus ou moins stratégique des points de bifurcation propres à chaque secteur scolaire. Ainsi, le secondaire V paraît moins stratégique du côté anglais, dans la mesure où les acteurs délimitent un champ de possibles à deux voies (formation générale ou abandon), alors qu'en secondaire V du côté français, les acteurs délimitent un champ de possibles à trois voies (formation générale, professionnelle ou abandon). Les processus décisionnels, dont on a analysé l'importance relative de certains paramètres, expliquent le niveau plus élevé des taux de passage en CEGEP général dans le secteur anglais. Le réseau professionnel y est institué tout comme dans le secteur français, mais l'évaluation des bénéfices anticipés que rapporterait ce type de formation ne correspond pas aux aspirations de cette clientèle, d'où la faible attirance et l'expansion restreinte du réseau professionnel dans le secteur anglais.

L'analyse de la rationalité de l'acteur permet également d'abandonner un mode d'explication déterministe sous la forme d'une relation causale linéaire entre l'origine sociale et les cheminements scolaires. Ce type de proposition est sociologiquement insuffisant et inadéquat. Insuffisant parce que l'orientation scolaire des élèves n'est pas prédestinée. Nous avons observé que l'accès à l'université n'est pas systématiquement garanti pour les élèves issus d'un milieu social favorisé, que la reproduction-distribution révèle une certaine «fluidité» des destins scolaires particulièrement évidente en secondaire V. La configuration de ces fluctuations est inexplicable sous la forme des propositions causales liant simplement l'origine sociale et le niveau de scolarité, d'où le caractère inadéquat de telles propositions. L'analyse de l'orientation scolaire doit s'inscrire dans une perspective longitudinale faisant intervenir des «facteurs» antérieurs, conjoncturels et postérieurs à l'action, dont l'agencement signale une logique originale qui peut s'interpréter en termes de stratégie. Le postulat de la rationalité de l'acteur permet de rendre compte de mécanismes générateurs d'inégalités scolaires qui passeraient inaperçus si on se contentait de relever seulement les probabilités d'accès à l'université selon l'origine sociale.

L'intégration théorique des deux postulats nous permet d'éviter, d'un côté, une conception mécanique du processus de reproduction sociale, reflet d'une société dichotomisée ; de l'autre côté, une conception « multivariée » de l'école, reflet d'une société pluraliste.

Note méthodologique

1. *Les échantillons.* Les données utilisées dans cet article proviennent du projet ASOPE (Aspirations scolaires et orientation professionnelle des étudiants). Elles constituent deux cohortes de jeunes (garçons et filles) alors qu'ils se trouvaient en secondaire V en 1971-1972 dans les secteurs scolaires francophone et anglophone au Québec. Ils ont été suivis chaque année jusqu'en 1974-1975. Nous disposons donc de quatre temps d'observation au cours desquels ils peuvent atteindre soit l'université, soit le CEGEP III professionnel ou être entrés sur le marché du travail. Sur le modèle d'échantillonnage, nous renvoyons le lecteur aux Cahiers ASOPE, *Analyse descriptive, 1,* 1975, p. 11-14, et à P. Béland, *Les échantillons d'ASOPE,* (miméo.), 1978. La représentativité des échantillons et l'évaluation des biais dus à l'érosion des échantillons exigent un développement trop long pour être présentées ici. Ces questions ont été traitées en détail dans ma thèse : *Structures décisionnelles dans le processus de qualification-distribution du secondaire V à l'université,* Département de sociologie, Université de Montréal, 1978. Mentionnons simplement que les valeurs observées sur les échantillons en 1971-1972 (âge, sexe, secteur scolaire, région, orientation) ne présentent pas de biais importants par rapport aux paramètres de l'ensemble de la population scolaire du Québec pour cette même année. D'autre part, nous avons observé que l'érosion des échantillons engendre des biais systématiques, de sorte que les informateurs sont d'origine sociale plus élevée que les non-répondants. Ils

obtiennent de meilleurs résultats scolaires et sont relativement plus jeunes. Cependant, ces biais sont d'une faible intensité et ne font que minimiser l'ampleur des phénomènes de sélection sur le plan de l'analyse. Ces biais ont été corrigés dans une étude subséquente (cf. Sylvain, L., *et al.* 1985). Ces pondérations n'engendrent pas de résultats significativement différents.

2. *L'analyse longitudinale des cheminements scolaires.* L'histoire d'une cohorte de jeunes à partir du secondaire V et au cours de quatre années successives peut s'inscrire dans une grille générale telle que représentée sur les graphiques 1 et 2. Les probabilités de transition par niveau et sur deux temps consécutifs permettent de reconstituer l'évolution générale des deux cohortes. Les étudiants stationnaires sur trois temps consécutifs sont considérés comme résidus. La répartition des 10 000 effectifs selon l'orientation scolaire en secondaire V (temps 1) est basée sur les pourcentages observés au temps 1. Il suffit d'appliquer successivement les taux de transition à ces effectifs pour développer les cheminements majeurs de chaque cohorte jusqu'à l'université ou au CEGEP III.

3. *Les résultats scolaires.* L'évaluation de la performance scolaire a été obtenue pour chaque temps et chaque niveau à partir de la question suivante : « Quels ont été la plupart de vos résultats scolaires cette année ? » Il s'agit d'une évaluation globale qui constitue un indicateur assez « étroit » de la performance scolaire et qui soulève un problème de validation et de fidélité qui est également traité en détail dans la thèse citée.

4. *Le niveau culturel familial.* Cette mesure est basée sur le diplôme le plus élevé d'un des parents.

Chapitre 3

Essai de réfutation de l'axiomatique de l'inégalité des chances scolaires[1]

Alain Massot

3.1 Le processus de qualification-distribution

Les êtres humains sont produits pour être ensuite consommés comme produits. Produits par qui, par quoi, pour qui et pourquoi ? L'interrogation essentielle que pose Daniel Bertaux vise un nouvel objet sociologique – le processus de distribution des êtres humains dans les rapports de production, et plus largement, les rapports sociaux – objet qui devrait remplacer la problématique équivoque de la mobilité sociale. Ce qui existe, c'est un processus de distribution des êtres humains vers telle ou telle place dans le système de production, dans la société (cf. Bertaux, D., 1976, p. 123).

Soutenir que les êtres humains sont produits, formés, distribués, consommés, n'implique pas nécessairement, pour nous, une dénaturation de l'acteur en le réduisant à un support de structure, conception selon laquelle les êtres humains ne « joueraient » pas mais subiraient plutôt le jeu d'un quelconque malin dont le génie ferait que la structure de domination se reproduirait indéfiniment.

---

1. Ce chapitre constitue une version légèrement remaniée d'un article publié dans la *Revue canadienne de l'éducation*, cf. Massot, A., 1979. L'auteur tient à remercier le ministère de l'Éducation du Québec (FCAC-DGES) pour son appui financier.

Dire que tout, dans une société, est reproduction, c'est comme dire que tout fonctionne : propositions aussi banales l'une que l'autre qui sont l'envers et l'endroit d'un « hyperfonctionnalisme » ou « réalisme totalitaire » pour reprendre l'analogie de Bourricaud (1975).

Nous pensons, au contraire, en suivant l'argumentation de ce dernier, qu'il est fondé et fondamental d'analyser ce processus de qualification-distribution en accordant un statut réel à l'acteur, à la double condition : 1) de lui attribuer, non pas des propriétés de liberté et de rationalité d'ordre métaphysique, mais une certaine capacité stratégique opérationnelle à l'intérieur d'une pluralité de champs de possibles ; 2) que cette reconnaissance de l'acteur ne renvoie pas à un individualisme atomiste comme grille d'analyse sociologique.

L'école comme instance de qualification-distribution

Le processus de qualification-distribution intervient essentiellement au cours de la scolarisation dans les sociétés industrialisées ; non pas dans un système scolaire unifié mais divisé. Au Québec, la forme la plus manifeste de cette division consiste en l'institutionnalisation de deux réseaux scolaires : le professionnel et le général[2]. Utiliser le concept de « réseau » dans l'analyse du système scolaire ne relève ni d'une question de mode ni d'une question de mots. C'est une question théorique qui exige avant tout l'emploi d'une définition stricte, non ambiguë. Georges Snyders (1976) nous en propose une :

> « Pour qu'il soit digne du nom de réseau, il faut qu'un cursus attire avec une probabilité caractéristique telle classe sociale, qu'il constitue le mode de scolarisation nettement préférentiel de telle classe ; il faut, par la suite, que sa composition sociale soit homogène, qu'un pourcentage élevé de ceux qui appartiennent à telle

---

2. Si la forme la plus manifeste de la division scolaire tient au type de formation, il faut remarquer que celle-ci est amplifiée par le fait que ces réseaux sont plus ou moins développés selon les secteurs institutionnels français versus anglais et public versus privé.

classe sociale demeure d'un bout à l'autre dans telle filière. Il faut aussi que les débouchés de la filière soient nettement différenciés et hétérogènes aux débouchés des autres filières.» (Snyders, G., 1976, p. 49).

Cette définition soulève quatre éléments à valider:

1. Les réseaux structurent des cheminements scolaires d'une durée variable avec des points de bifurcation prédéfinis en deçà desquels s'inscrit un processus de qualification particulier.

2. Ils opèrent un recrutement préférentiel de sorte que les cheminements scolaires (orientation, survie) dépendent de la position sociale des parents; de plus, la composition de chaque réseau doit être homogène.

3. Il faut que les réseaux soient étanches, plus précisément que le réseau général soit inaccessible à partir du professionnel, car si les changements d'orientation étaient libres, comment pourrait-on encore parler de réseau?

4. Enfin, les réseaux assument un processus de distribution des acteurs à des places spécifiques dans une structure professionnelle donnée.

3.2 Question d'héritage culturel ou de rationalité

«La sociologie commence, soutient Raymond Boudon, non pas lorsqu'on observe qu'il existe une relation entre origine sociale et niveau d'instruction, mais lorsqu'on est capable d'expliquer pourquoi il en est ainsi.» (Boudon, R., 1976, p. 148).

La thèse de l'héritage culturel se situe à ce niveau d'explication: pour certains élèves, la culture scolaire est le prolongement naturel de leur milieu familial. Pour d'autres élèves, c'est un véritable processus d'acculturation qui leur est imposé à l'école. Dès le début de la scolarisation, ils ont à franchir un handicap culturel, tant sur le plan de la langue, de la culture extrascolaire, des dispositions, des motivations, etc. Seuls ceux qui réussissent cette conversion laborieuse aux codes culturels de la grande école survivent dans la filière «enrichie», les autres sont orientés (ou s'orientent d'eux-mêmes) vers la filière «allégée», c'est-à-dire le professionnel, ou bien ils abandonnent tout simplement. Dans cette problématique, la réussite scolaire est le mécanisme par excellence de la sélection : en faisant jouer les mécanismes objectifs de la diffusion culturelle, les examens, les tests, etc., ne font que sanctionner les inégalités d'héritage plus que celles d'apprentissage. Quand bien même l'égalisation des moyens économiques serait-elle réalisée, les déshérités seraient vaincus d'avance sous les rituels de la culture dominante.

Or, les données sur les taux de survie scolaire selon la réussite et l'origine sociale révèlent successivement, et dans plusieurs contextes, une structure interactionnelle entre ces trois variables (cf. Boudon, R., 1973, chap. 2). C'est-à-dire qu'à réussite scolaire égale, les fils des classes laborieuses ont moins de chances de poursuivre leurs études que les fils des classes aisées. Cette relation non linéaire amène Raymond Boudon à formuler une explication plausible : «Les enfants des classes dominantes (et/ou leurs parents) maintiennent un haut niveau d'aspiration excepté si la réussite scolaire est en dessous d'un seuil relativement bas, alors que les enfants des classes dominées maintiennent un niveau d'aspiration élevé seulement si la réussite scolaire est en dessus d'un seuil relativement haut.» (Boudon, 1976, p. 1180). Cette observation est fondamentale dans la mesure où le contrôle de la variable «réussite scolaire» correspond, en grande partie du moins, au processus d'apprentissage des manières et des langages de l'univers scolaire. C'est dans ce sens précis que Bourdieu (1970) fait intervenir la variable «réussite scolaire» dans l'explication de la reproduction : «L'inégale distribution entre les différentes classes sociales du capital linguistique scolairement rentable constitue une des médiations les mieux cachées par lesquelles s'instaure la relation (que saisit l'enquête) entre l'origine sociale et la réussite scolaire...» (p. 144). Si, à réussite scolaire égale, la sélection est encore fonction de l'origine sociale, cela ne peut-il pas s'expliquer par l'intervention d'une certaine rationalité dont le champ de décision est structuré par des paramètres d'ordre essentiellement économique : coûts, bénéfices, risques? «L'hypothèse est donc que, fondamentalement, certains individus décident de ne pas poursuivre, au-delà d'un point donné, leur carrière scolaire, non pas parce qu'ils sont le siège de forces extérieures à eux-mêmes qui leur imposeraient des décisions contraires à leur intérêt, mais parce qu'ils estiment raisonnable de se comporter ainsi. » (Boudon, R., 1975, p. 15).

Il faut souligner immédiatement que, si décision rationnelle il y a, ce n'est en aucun cas une rationalité qui fonctionnerait *in vitro*, une sorte de libre choix. Ces champs de décision sont ancrés dans des positions sociales diverses auxquelles est attachée une rationalité propre. Cela « revient à admettre, dit Boudon, que l'éventualité d'obtenir un statut social de niveau cadre supérieur ou équivalent n'est pas évaluée de la même manière par le fils (ou la fille) d'un cadre supérieur et par le fils (ou la fille) d'un ouvrier par exemple. » (Boudon, 1975, p. 17). Cela revient à admettre également que les risques encourus en poursuivant ses études à un niveau donné, et avec un niveau de réussite donné, varient selon la position sociale de l'acteur. L'hypothèse de la rationalité de l'acteur telle que développée par Boudon ne se veut pas exclusive à celle de l'héritage culturel, mais bien complémentaire, en localisant celle-ci plutôt vers le début du cursus scolaire, alors que la rationalité économique intervient de manière répétitive et de manière de plus en plus décisive à mesure qu'on atteint des niveaux scolaires plus élevés.

3.3 Les axiomes fondamentaux[3]

De ces « mélanges » théoriques, nous retenons les axiomes fondamentaux suivants qui renvoient successivement à la notion de dualité scolaire (A1, A2, A3), d'héritage culturel (A4) et de champ décisionnel (A5) :

A1 L'école est divisée en réseaux.

A2 Pour chacun des réseaux, il existe une série de points de bifurcation stratégiques ordonnés dans le temps.

---

3. Selon la terminologie utilisée par Boudon (1973).

A3 Les réseaux constituent un mode de scolarisation nettement préférentiel de chaque classe sociale. De plus, la composition sociale de chaque réseau est homogène.

A4 La réussite scolaire est liée positivement à la position sociale. Cette relation tend à s'affaiblir à mesure que l'on observe un niveau plus élevé du cursus scolaire : forte à la fin de l'élémentaire, elle devient négligeable à l'entrée de l'université.

A5 On peut associer à chaque point de bifurcation un champ décisionnel caractéristique de chaque position sociale dans lequel intervient la réussite scolaire.

Les axiomes auxiliaires spécifient les axiomes fondamentaux et les rendent opérationnels. Nous retenons :

a1 Deux réseaux : le général et le professionnel.

a2 Trois catégories professionnelles des pères correspondant à trois types de position sociale hiérarchisés :
C1 : haut administrateur et professionnel
C2 : cadre moyen et semi-professionnel
C3 : ouvrier

a3 Trois niveaux de réussite scolaire :
R1 : excellente = 75 % et plus
R2 : moyenne   = 66 % – 74 %
R3 : faible   = moins de 66 %

a4 Trois points de bifurcation dans le réseau général :
b1 : secondaire V
b2 : CEGEP I
b3 : CEGEP II

3.4 MÉTHODOLOGIE

Échantillon

Les données utilisées dans le cadre de cette analyse constituent un échantillon représentatif des étudiants du secteur français, public, en secondaire V, 1971-1972 (n = 6393), lesquels ont été suivis chaque année jusqu'en 1974-1975, dans le cadre du projet ASOPE. Nous disposons donc de quatre temps d'observation au cours desquels il est possible d'atteindre soit la première année universitaire, soit la troisième année du CEGEP professionnel ou bien d'être sur le marché du travail[4].

L'analyse par cohorte des cheminements scolaires

À chaque niveau scolaire et à chaque temps se reproduisent trois cheminements majeurs :

1. le passage (P) à un niveau supérieur,
2. l'abandon (A)
3. et le fait d'être stationnaire (S) au même niveau scolaire.

Il importe, en outre, de considérer la variable Orientation générale versus Orientation professionnelle. Étant donné les taux

---

4. Sur le modèle d'échantillonnage des étudiants, nous renvoyons le lecteur aux *Cahiers d'ASOPE*, analyse descriptive, volume I, p. 11-14, 1974 ; et au Rapport du Centre de sondage, 1971. Les questions de la représentativité de l'échantillon et de l'évaluation des biais dus à l'érosion de l'échantillon sont trop longues pour être abordées ici. Elles sont traitées dans ma thèse : *Structures décisionnelles dans le processus de qualification-distribution du secondaire V à l'université*, Département de sociologie, Université de Montréal, 1978, et d'une façon plus systématique, dans Sylvain, L., *et al.*, 1985. Mentionnons simplement que, dans le cadre de cette étude, les paramètres observés sur les échantillons en 1971-1972 (âge, sexe, secteur scolaire, région orientation) ne présentent pas de biais importants par rapport aux paramètres observés sur l'ensemble de la population scolaire du Québec cette même année. D'autre part, nous avons observé que l'érosion des échantillons engendre des biais systématiques de sorte que les informateurs sont d'origine sociale plus élevée que les non-répondants. Ils obtiennent de meilleurs résultats scolaires et sont relativement plus jeunes. Cependant, ces biais sont d'une faible intensité et ne font que minimiser l'ampleur des phénomènes de sélection au niveau de l'analyse. Rappelons que la correction des biais constatés ne produit pas de différences significatives par rapport aux résultats présentés dans cette étude.

de transition pour chaque niveau, temps et orientation, il est possible de calculer les probabilités d'atteindre un niveau donné à partir du point de départ, ici, le secondaire V, général et professionnel.

Classification professionnelle du père

Dans la présente analyse, nous retenons trois catégories principales qui regroupent les sous-catégories professionnelles d'ASOPE de la façon suivante :

Catégories de l'analyse	Catégories d'ASOPE
C1 : Haute administration et professionnel	– directeur, administrateur, professionnel
C2 : Cadre moyen et semi-professionnel	– autre professionnel – travail technique – représentant de commerce – gérant
C3 : Ouvrier	– ouvrier spécialisé – ouvrier semi-spécialisé – manœuvre – employé de ferme

Les résultats scolaires

Pour chaque temps et chaque niveau scolaire, nous disposons des informations sur les résultats scolaires acquis par l'étudiant à partir de la question suivante : « Quels ont été la plupart de vos résultats scolaires cette année ? »

Il s'agit d'une évaluation globale qui constitue un indicateur assez « étroit » de la réussite scolaire. Outre le fait que cette mesure soit couramment utilisée dans des recherches du même type, elle révèle, dans ce cas-ci, une stabilité relative de la performance scolaire dans le temps, avec très peu de fluctuations extrêmes (réussite excellente au T1, faible au T2, etc.), ce qui prouve que nous ne sommes pas en présence d'une mesure aléatoire, bien que probablement biaisée vers le haut, les étudiants ayant tendance à surestimer leurs résultats.

3.5 Évolution d'une cohorte dans le secteur français public à partir de la fin du secondaire

Les taux de transition pour chaque niveau et temps selon l'orientation permettent de reconstituer l'évolution générale de la cohorte sur la base de 10 000 étudiants en secondaire V (cf. graphique 3.1).

Ces 10 000 étudiants sont répartis entre le général et le professionnel au secondaire V, proportionnellement aux fréquences observées à ce niveau, soit 59 % d'une part et 41 % d'autre part.

Les étudiants stationnaires au même niveau scolaire sur trois temps consécutifs sont considérés comme résidus. Les étudiants stationnaires sur deux temps consécutifs sont intégrés dans le calcul des probabilités de transition.

Les faits saillants :

1. Les étudiants en secondaire V professionnel sont arrivés au terme de leur scolarisation et abandonnent l'école dans une proportion de 88 %. L'étude des mécanismes d'orientation pour ces étudiants se situe donc à un niveau antérieur, tout au long du secondaire, voire du primaire.

2. Quarante pour cent des étudiants du secondaire V général passent en CEGEP I général ; 31 % s'orientent au CEGEP I professionnel et 29 % abandonnent. Le CEGEP professionnel est alimenté par les étudiants du secondaire V général. Sur 2200 étudiants en CEGEP I, 1840 proviennent du secondaire V général.

3. À partir du CEGEP I professionnel, les taux de passage jusqu'en CEGEP III plafonnent à 0,85 et 0,86. Le taux de rétention du réseau professionnel est donc très élevé (0,73).

GRAPHIQUE 3.1
Évolution générale de la cohorte secteur français public*
à partir du secondaire V, T1-T5, 1971-1975
(sur la base de 10 000 étudiants en secondaire V)

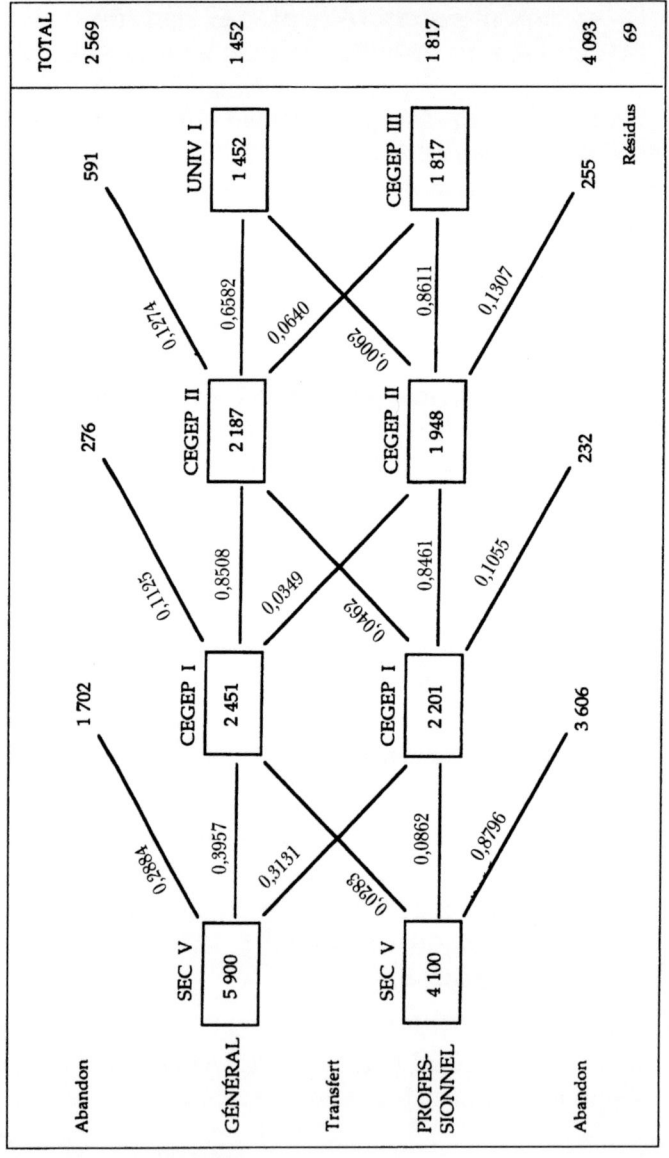

* Les taux et l'évolution de cette cohorte diffèrent de ceux du graphique 2.1 dans la mesure où il s'agit du seul secteur **public**.

4. La transition du CEGEP I général au CEGEP II général se concrétise pour 85 % des étudiants.
5. De ceux-ci, 66 % entrent à l'université et 27 % abandonnent.
6. Au total, sur 10 000 étudiants en secondaire V, 15 % entrent dans l'enceinte universitaire, 18 % terminent leur CEGEP professionnel et 67 % abandonnent sur cette section du cursus scolaire.

De cette vision globale des cheminements scolaires entre le secondaire V et l'université ou le CEGEP III, il ressort des points de bifurcation prédéfinis dont l'importance stratégique est liée au réseau scolaire : le secondaire V professionnel et le CEGEP III professionnel constituent des classes terminales qui s'ouvrent unilatéralement sur le marché du travail. Par contre, le secondaire V général et le CEGEP II général constituent des points de bifurcation stratégiques puisqu'ils structurent des choix de cheminement. De ce fait, on peut déjà dire que le secondaire général secteur public ne prédétermine pas une orientation générale au niveau du CEGEP. Et la scolarité au CEGEP général constitue une garantie limitée pour la scolarisation universitaire.

3.6 Les cheminements scolaires selon l'origine sociale

Considérons en premier lieu les phénomènes d'orientation scolaire survenus en amont du secondaire V. Le tableau 3.1 en donne une représentation transversale.

On constate que ces processus ont polarisé les étudiants d'origine sociale supérieure dans le réseau général à 79 % et ceux d'origine sociale intermédiaire à 72 %, tandis que les étudiants d'origine sociale ouvrière se répartissent équitablement entre le réseau général et professionnel. La composition sociale du réseau général en secondaire V n'est pas homogène malgré la concentration élevée des enfants d'origine sociale supérieure. Par contre, les enfants d'origine sociale inférieure constituent une majorité de 63 % dans le réseau professionnel en secondaire V, le rendant ainsi relativement plus homogène.

TABLEAU 3.1
Orientation scolaire, secondaire V, T1, 1971-1972, secteur français public, selon la profession du père

Profession du père	Orientation				Total
	Générale		Professionnelle		
	h	v	h	v	
Administrateur et professionnel	79,3	8,3	20,7	3,1	368
Cadre moyen et semi-profession.	72,0	21,1	28,0	11,9	1035
Ouvrier	51,5	46,4	48,5	63,0	3178
Autres	61,3	24,2	38,7	22,0	1391
Total	3525	100	2447	100	5972

h : pourcentages horizontaux
v : pourcentages verticaux

autres : – petit propriétaire
– col blanc
– fermier

C'est particulièrement aux points de bifurcation stratégiques qu'interviennent les variations d'orientation. Le tableau 3.2 ci-après représente la variation des taux de transition du réseau général selon la profession du père en secondaire V, T1 ; CEGEP I, T2 ; CEGEP II, T3.

Les taux de passage en CEGEP I général varient de 0,59 à 0,47 et 0,28 selon l'origine sociale élevée, moyenne ou basse. La variation est inverse pour les taux de passage en CEGEP I professionnel, soit respectivement 0,12, 0,25, 0,31. Le rapport orientation CEGEP IG./CEGEP IP. est de 4,8, 1,9 et 0,9 selon l'origine sociale élevée, moyenne ou basse. Pendant qu'un étudiant d'origine sociale supérieure entre au CEGEP professionnel, cinq enfants de la même origine entrent au CEGEP général – alors que les probabilités d'entrer soit au CEGEP général, soit au CEGEP professionnel sont équivalentes pour les enfants d'origine sociale inférieure. Ces données révèlent l'importance cruciale de ce point de bifurcation en regard de l'origine sociale.

Par contre, en CEGEP I, les taux de passage se stabilisent indépendamment de l'origine sociale.

À la sortie du CEGEP II réapparaissent des variations d'orientation selon l'origine sociale, mais d'une ampleur nettement moins marquée qu'en secondaire V. Si 74 % des enfants de professionnels et de cadres supérieurs entrent à l'université, 61 % des enfants d'ouvriers y sont admis également, dans une proportion d'ailleurs équivalente à celle des enfants d'origine sociale moyenne (59 %).

Il semble donc que l'avenir scolaire des étudiants soit moins lié à leur origine sociale à mesure qu'ils avancent dans le cursus scolaire, proposition soutenable à ce niveau d'observation seulement, puisqu'il faut s'attendre à l'émergence de variation selon la spécialisation universitaire et selon l'origine sociale.

TABLEAU 3.2
Taux de transition par niveau et temps, secteur français public général, 1971-1974

Niveau		Passage		Stationnaire	Abandon	Total n
SEC V G Temps 1		CEGEP I T2 G	P			
Administrateur et profes.	C1	586	0,123	0,124	0,167	227
Cadre moyen et semi-professionnel	C2	0,471	0,249	0,98	0,182	559
Ouvrier	C3	0,283	0,310	0,133	0,274	1256
CEGEP I G Temps 2		CEGEP II T3 G	P			
Administrateur et profes.	C1	0,856	0,024	0,048	0,072	125
Cadre moyen et semi-professionnel	C2	0,761	0,041	0,107	0,091	242
Ouvrier	C3	0,813	0,030	0,048	0,109	331
CEGEP II G Temps 3		UNIV I T4	CEGEP III T4			
Administrateur et profes.	C1	0,741	0,049	0,099	0,111	81
Cadre moyen et semi-professionnel	C2	0,585	0,067	0,067	0,281	135
Ouvrier	C3	0,609	0,056	0,084	0,251	215

Quoiqu'il en soit, cette autonomie croissante est conditionnelle aux phénomènes d'inégalités antérieures, si bien que les probabilités d'atteindre l'université versus le CEGEP III et les probabilités d'abandon à partir du secondaire sont fortement liées à l'origine sociale : si, en moyenne, 9 % des fils (ou filles) d'ouvriers en secondaire V se rendent à l'université, ce pourcentage s'élève à 44 % pour les fils (ou filles) de cadres supérieurs et professionnels.

Le rapport d'entrée université/CEGEP III est de 3,2 pour ces derniers et de 0,6 pour les premiers. Quarante-deux pour cent des fils et filles d'origine sociale supérieure abandonnent sur cette section du cursus scolaire, comparativement à 74 % des fils et filles d'ouvriers (cf. tableau 3.3).

TABLEAU 3.3
Probabilités de transition, à partir du secondaire V, secteur français public, selon l'origine sociale, 1971-1974

Origine sociale		Passage		Abandon Total	Rapport UNIV/ CEGEP III
		UNIV.	CEGEP III		
C1	supérieure	0,4361	0,1355	0,4204	3,2
C2	moyenne	0,2104	0,2272	0,5542	0,9
C3	inférieure	0,0931	0,1621	0,7385	0,6

3.7 LES INÉGALITÉS D'HÉRITAGE CULTUREL

Les résultats précédents contiennent peu de nouveautés si ce n'est qu'ils apportent une évaluation assez précise de l'ampleur de la sélection scolaire selon l'origine sociale dans le système scolaire public québécois du secondaire V à l'université. Mais il serait prématuré de clore l'investigation sociologique à ce stade. Contrairement à une approche mécaniste du processus de qualification-distribution dans laquelle les acteurs sont réduits à des « agents-supports », nous préférons une perspective dans laquelle les acteurs vivent une autonomie relative dans le jeu des déterminations qui délimitent leur «champ des possibles». Une telle position n'est pas incompatible avec une conception dualiste de l'école. C'est dans un système scolaire divisé qu'interviennent les processus décisionnels aux points de bifurcation stratégiques. Redonner à l'acteur un statut réel permet de rendre compte de certains phénomènes observés dans le processus de sélection scolaire qu'une vision déterministe estompe. C'est du moins ce que nous voulons démontrer dans le prolongement des arguments de Raymond Boudon.

Nous avons vu que le destin scolaire des étudiants en secondaire V professionnel est final. C'est en amont de ce niveau qu'interviennent les mécanismes de filtration.

Par contre, nous pouvons analyser ces processus décisionnels dans le réseau général, du secondaire V à l'université, puisqu'il existe au moins deux points de bifurcation majeurs entre ces deux niveaux[5].

Les tableaux 3.4, 3.5, et 3.6 spécifient les axiomes A4 et A5 pour les trois points de bifurcation: secondaire V, CEGEP I, CEGEP II. La partie supérieure des tableaux correspond à l'axiome A4 et la partie inférieure, à l'axiome A5.

S'il existe une relation constante positive entre la réussite et l'origine sociale en secondaire V (plus l'origine sociale est élevée, plus les notes scolaires sont élevées), celle-ci disparaît en CEGEP I où les fils et filles d'ouvriers réussissent aussi bien que les fils et filles de professionnels et cadres supérieurs. Et en CEGEP II, cette relation ne présente pas de tendance constante et significative, même si les étudiants d'origine sociale élevée obtiennent des notes excellentes dans une proportion plus élevée que les étudiants d'origine sociale moyenne ou basse.

Nous pouvons prolonger ces observations jusqu'à la première année universitaire. Et là encore, on peut dire que

---

5. Les étudiants stationnaires sont exclus dans cette partie de l'analyse à cause d'un nombre insuffisant d'informateurs.

l'origine sociale n'intervient pas de façon significative sur le plan de la performance scolaire (cf. tableau 3.7).

Ces résultats concordent avec l'axiome A4 puisque la relation entre origine sociale et résultats scolaires tend à disparaître à mesure que les étudiants progressent dans le cursus scolaire. Cela n'implique pourtant pas nécessairement une autonomie croissante des étudiants par rapport au milieu culturel d'origine. En effet, l'affaiblissement de cette relation peut être artificiellement dû à l'homogénéisation de la clientèle scolaire sur la base de leur performance scolaire. Il est possible d'observer ce processus d'homogénéisation sur les étudiants ayant atteint l'université, et d'observer sur ce sous-groupe, par une démarche longitudinale inverse, leurs résultats scolaires en secondaire V, et la relation origine sociale/résultats scolaires à ce même niveau de scolarité (cf. tableau 3.8). La distribution des résultats scolaires en secondaire V confirme l'existence du processus d'homogénéisation selon les résultats scolaires puisque les étudiants ayant atteint l'université obtenaient de meilleures notes en secondaire V par rapport à l'ensemble des étudiants du secondaire V: 89 % d'entre eux avaient des résultats excellents ou moyens et 11 % avaient des résultats faibles, comparativement à 60 % et 40 % de l'ensemble des étudiants du secondaire V (cf. tableau 3.4).

D'autre part, on ne constate pas de relation significative entre origine sociale et résultats scolaires sur ce sous-groupe en secondaire V. Faut-il s'en étonner puisque la sélection du secondaire V à l'université s'est faite, entre autres, selon la performance. Ce sous-groupe est donc constitué des élèves qui, en secondaire V, s'étaient déjà rendus autonomes de leur milieu d'origine quant aux inégalités d'héritage culturel (nous pensons surtout aux étudiants d'origine sociale inférieure) puisque, à ce niveau scolaire, les fils et filles d'ouvriers réussissaient aussi bien que les fils et filles d'origine sociale supérieure.

Par la suite (après le secondaire V), il n'est question que d'un processus d'homogénéisation de la clientèle scolaire, processus explicatif de l'affaiblissement de la relation origine sociale/ résultats scolaires.

TABLEAU 3.4

Réussite scolaire en secondaire V, général, T1, secteur français public, selon l'origine sociale (partie supérieure) et taux de passage en CEGEP I, général T2, en fonction de la réussite et de l'origine sociale (partie inférieure)

Catégorie professionnelle du père		Réussite scolaire			Total
		Excellente	Moyenne	Faible	
Administrateur et professionnel	C1	0,228	0,502	0,270	1,000 289
Cadre moyen et semi-profession.	C2	0,196	0,455	0,349	1,000 731
Ouvrier	C3	0,154	0,396	0,450	1,000 1615
Total		0,173	0,424	0,403	1,000 2635

$X^2 = 46,87$; d.l. = 4 ; $p < 0,001$; $v = 0,09$

		Excellente	Moyenne	Faible
Administrateur et professionnel	C1 n	0,800 55	0,631 111	0,317 60
Cadre moyen et semi-profession.	C2 n	0,626 115	0,545 259	0,253 170
Ouvrier	C3 n	0,523 209	0,326 482	0,159 547

Note : Les taux de passage se lisent comme suit : 80 % des étudiants en secondaire V général T1, d'origine sociale C1, ayant des résultats scolaires excellents, passent au CEGEP I général T2, etc.

TABLEAU 3.5

Réussite scolaire en CEGEP I, général, T2, secteur français public, selon l'origine sociale (partie supérieure) et taux de passage en CEGEP II, général T3, en fonction de la réussite et de l'origine sociale (partie inférieure)

Catégorie professionnelle du père		Réussite scolaire			Total
		Excellente	Moyenne	Faible	
Administrateur et professionnel	C1	0,300	0,479	0,221	1,000 140
Cadre moyen et semi-profession.	C2	0,214	0,590	0,196	1,000 280
Ouvrier	C3	0,275	0,513	0,212	1,000 278
Total		.258	0,534	0,208	1,000 698

$X^2 = 6,50$; d.l. = 4 ; n.s. ; v = 0,06

		Excellente	Moyenne	Faible
Administrateur et professionnel	C1 n	0,948 39	0,915 59	0,584 24
Cadre moyen et semi-profession.	C2 n	0,851 54	0,780 141	0,587 46
Ouvrier	C3 n	0,883 94	0,860 164	0,614 70

TABLEAU 3.6
Réussite scolaire en CEGEP II, général, T3, secteur français public, selon l'origine sociale (partie supérieure) et taux de passage à l'université, T4 en fonction de la réussite et de l'origine sociale (partie inférieure)

Catégorie professionnelle du père		Réussite scolaire			Total
		Excellente	Moyenne	Faible	
Administrateur et professionnel	C1	0,477	0,477	0,046	1,000 109
Cadre moyen et semi-profession.	C2	0,333	0,598	0,069	1,000 189
Ouvrier	C3	0,350	0,540	0,110	1,000 283
Total		0,368	0,548	0,084	1,000 581

$X^2 = 10,87$; d.l. = 4 ; n.s. ; v = 0,10

		Excellente	Moyenne	Faible
Administrateur et professionnel	C1 n	0,810 42	0,638 36	0,466[a] 3
Cadre moyen et semi-profession.	C2 n	0,708 5448	0,519 79	0,330[a] 7
Ouvrier	C3 n	0,738 84	0,600 105	0,462[a] 23

[a] : Estimé

TABLEAU 3.7

Réussite scolaire à l'université, T4, 1974-1975, secteur français public, selon l'origine sociale

Catégorie professionnelle du père		Réussite scolaire			Total
		Excellente	Moyenne	Faible	
Administrateur et professionnel	C1	0,407	0,407	0,186	1,000 59
Cadre moyen et semi-profession.	C2	0,380	0,519	0,101	1,000 79
Ouvrier	C3	0,351	0,527	0,122	1,000 131
Total		0,372	0,498	0,130	1,000 269

$X^2 = 3.64$; d.l. = 4 ; n.s. ; v = .08

TABLEAU 3.8

Réussite scolaire en secondaire V, T1, 1971-1972, secteur français public général, selon l'origine sociale, pour les étudiants admis à l'université, T4, 1974-1975

Catégorie professionnelle du père		Réussite scolaire			Total
		Excellente	Moyenne	Faible	
Administrateur et professionnel	C1	0,500	0,466	0,034	1,000 58
Cadre moyen et semi-profession.	C2	0,405	0,487	0,108	1,000 74
Ouvrier	C3	0,430	0,430	0,140	1,000 121
Total		0,439	0,454	0,107	1,000 253

$X^2 = 5,18$; d.l. = 4 ; n.s. ; v = 0,10

Ces données n'offrent pas une validation simple de l'axiome A4. En somme, et pour éclaircir un raisonnement quelque peu alambiqué, nous nous en tenons aux points suivants :

1. Il y a une relation entre origine sociale et résultats scolaires en secondaire V.
2. Cette relation tend à disparaître aux niveaux scolaires plus élevés.
3. L'affaiblissement de la relation origine sociale/résultats scolaires ne semble pas pouvoir s'interpréter comme processus d'autonomisation de l'élève par rapport à son milieu d'origine, après le secondaire V.
4. L'affaiblissement de cette relation s'explique plutôt par un phénomène d'homogénéisation de la clientèle scolaire sur la base des résultats scolaires.

3.8 STRUCTURES DÉCISIONNELLES ET CHEMINEMENTS SCOLAIRES

L'axiome A5 pose l'existence d'un processus décisionnel, caractéristique de chaque position sociale, lequel entre en jeu à chaque point de bifurcation selon le degré de réussite. Les données en secondaire V sont très significatives à cet égard. Les taux de passage pour un niveau de réussite et d'origine sociale donné varient d'un maximum de 0,80 à un minimum de 0,16. Cependant, pour un niveau de réussite égal, par exemple réussite excellente, les étudiants d'origine sociale supérieure passent au CEGEP dans une proportion de 0,80 ; ceux d'origine sociale moyenne passent dans une proportion de 0,63 et ceux d'origine sociale inférieure dans une proportion de 0,52. Tous ces étudiants ont pourtant intégré d'une façon équivalente les normes de la réussite scolaire. On remarque également que les étudiants d'origine sociale élevée obtenant des résultats moyens passent au CEGEP avec le même pourcentage que celui des étudiants d'origine sociale moyenne obtenant des résultats excellents. Ces mêmes étudiants d'origine sociale élevée obtenant des résultats moyens passent au CEGEP avec un pourcentage plus élevé que celui des étudiants d'origine sociale basse obtenant des résultats excellents. De même, les étudiants d'origine sociale moyenne avec réussite moyenne passent au CEGEP avec un pourcentage plus élevé que celui des étudiants d'origine sociale inférieure ayant une réussite excellente. Seuls les taux de passage des étudiants d'origine sociale élevée avec réussite faible sont inférieurs aux taux de passage des étudiants d'origine sociale moyenne et basse avec un niveau de réussite supérieur. Autrement dit, les étudiants d'origine sociale élevée survivent largement dans le réseau général sauf si leur réussite est en dessous d'un seuil relativement bas, alors que les étudiants d'origine sociale basse survivent seulement si leur réussite est en dessus d'un seuil relativement élevé, et quoique dans une proportion ne dépassant pas 0,52. Or, il faut remarquer simultanément que 15 % des étudiants d'origine sociale basse atteignent ce seuil de réussite élevé.

Qu'est-ce qui peut rendre compte de cette structure typique, sinon l'intervention d'une rationalité où l'évaluation des coûts, des bénéfices anticipés et des risques pour un niveau de réussite donné est caractéristique de chaque position sociale ? Il devient plausible d'expliquer cette structure en disant que l'évaluation des coûts de scolarisation collégiale par les étudiants (ou leurs parents) avec une réussite scolaire moyenne (donc avec risques d'échecs) et provenant d'origine sociale élevée est inférieure à l'évaluation des coûts de scolarisation collégiale par les étudiants (ou leurs parents) d'origine sociale basse ayant pourtant d'excellents résultats scolaires (donc avec moins de risques d'échecs).

Observons maintenant ce qui se passe en CEGEP I (cf. tableau 3.5). Il ne s'agit pas d'un point de bifurcation majeur puisque le taux de passage en CEGEP II est élevé (0,85). On constate une stabilité remarquable des taux de passage pour un niveau de réussite donné, indépendamment de l'origine sociale. Seuls les taux de passage des étudiants avec réussite faible fléchissent quelque peu, mais d'une façon identique selon l'origine sociale. On ne retrouve absolument pas la trace d'une rationalité caractéristique de chaque position sociale.

Finalement, en ce qui concerne l'entrée à l'université (cf. tableau 3.6), on observe 0,08 % d'étudiants avec réussite faible, d'où l'impossibilité d'observer les taux de passage réels pour ceux-ci. La comparaison porte ici entre réussite excellente et réussite moyenne. En autant que le permet le nombre de cas observés, les taux d'entrée à l'université baissent uniformément pour chaque position sociale des parents, selon la réussite scolaire. Là encore, ils ne laissent guère entrevoir une structure du même type qu'en secondaire V. Est-ce là l'indice d'une stratégie éducative sur laquelle le milieu social d'origine n'a plus d'influence ? Nous sommes en mesure de souligner, maintenant, que la plaque tournante de la sélection scolaire survient en secondaire V, point de bifurcation stratégique majeur où intervient ce qui semble être une rationalité structurée selon la réussite scolaire, et caractéristique de la position sociale d'origine des étudiants.

Conclusion

Cette analyse met en relief la dualité du système scolaire, un fait que l'on ne peut esquiver, mais également un fait plus complexe qu'on ne l'imagine. Dans quelle mesure le concept de réseau tel que défini par Snyders s'applique-t-il au système scolaire québécois ? Un réseau doit attirer avec une probabilité caractéristique telle classe sociale. Sa composition sociale doit être homogène. Les taux de rétention des effectifs dans chaque réseau dépendent de l'origine sociale. Et chaque réseau prédétermine des points de bifurcation spécifiques, interdisant les transferts aléatoires. Nous avons constaté que le réseau professionnel est doté de points de bifurcation prédéfinis qui interdisent toute réintégration vers le réseau général et qui débouchent unilatéralement sur le marché du travail. Le secondaire V professionnel n'attire pas davantage les fils d'ouvriers que le secondaire V général, mais de par leur nombre, ils rendent ce réseau relativement homogène. D'un autre côté, malgré la polarisation élevée des étudiants d'origine sociale supérieure et moyenne dans le réseau général en secondaire V, sa composition sociale n'est pas homogène. Il reste que le taux de rétention de chaque réseau est étroitement lié à l'origine sociale. Il faut souligner aussi la situation des étudiants d'origine sociale moyenne dont les probabilités de scolarisation varient entre ces polarisations.

Le réseau général, pas plus que le réseau professionnel, ne partage simultanément l'ensemble des propriétés du concept. Mais le fait que les données statistiques ne valident pas l'ensemble des implications du concept n'est pas une condition suffisante pour le rejeter. Par contre, exclure de l'analyse le concept de « réseau » interdit toute appréhension adéquate du système scolaire.

Avec cette condition insuffisante et nécessaire, nous devons tout simplement souligner la complexité de l'analyse dualiste du système scolaire dont les faits contredisent toute représentation simplificatrice.

Il semble que l'impact de l'héritage culturel sur la réussite scolaire, encore perceptible en secondaire V, s'amenuise à mesure que les étudiants progressent dans le cursus scolaire par l'intervention d'un processus d'homogénéisation dû à la sélection différentielle. En aucun cas l'hypothèse de l'héritage culturel apparaît suffisante pour expliquer le processus de sélection aux niveaux scolaires considérés – particulièrement en secondaire V, où les taux de passage à réussite égale présentent une structure interactionnelle dont on peut rendre compte en faisant appel à la rationalité de l'acteur profondément marquée par la position sociale d'origine.

En opposition à une interprétation déterministe de l'histoire biographique des agents, lesquels sont appréhendés comme des pions sur l'échiquier social, ne faut-il pas « expliquer les relations que la statistique observe par exemple entre origines sociales et niveau scolaire, entre niveau scolaire et position sociale comme la conséquence de l'agrégation de décisions rationnelles effectuées par les individus en fonction de leur position sociale actuelle et dans le contexte de structures scolaires et sociales données? » (Boudon, R., 1976, p. 151).

Si, comme l'exprime François Bourricaud, « une des ambitions de la théorie sociologique a toujours été de lier l'analyse des conduites individuelles à celles du fonctionnement des institutions, ou si l'on veut la « société en général », le postulat de la rationalité dotant l'acteur d'une certaine capacité stratégique pourrait bien être une des « médiations entre l'ordre des déterminations sociales et l'ordre des motifs individuels » » (Bourricaud, F., 1975, p. 589-590). L'être humain est « raisonnable » au sens où il a de bonnes raisons de se comporter comme il le fait. Il est fondé de penser que sa logique décisionnelle de type utilitaire intervienne dans un « champ de possibles » délimité par sa position sociale, et rende compte de phénomènes d'ordre macrosociologique tels que la reproduction de la distribution des acteurs. Serait-ce une déviation de sociologues de métier que tenter de décrypter cette grille de rationalité ?

Chapitre 4

ANALYSE DES PROCESSUS DÉCISIONNELS DE LA SCOLARISATION

Alain Massot

La notion de rationalité est devenue le point nodal de notre problématique afin d'en tester l'efficacité dans l'explication du processus de qualification-distribution. En effet, elle est apparue efficace au secondaire V pour rendre compte de la variation des taux de passage au CEGEP général selon la réussite scolaire et l'origine sociale. Mais la plausibilité de ces processus décisionnels typiques d'une origine sociale s'est considérablement réduite après le secondaire V étant donné la stabilité relative des taux de passage du CEGEP à l'université. Cette stabilité relative des taux de passage recouvre deux aspects interreliés : premièrement, l'affaiblissement des effets des inégalités d'héritage culturel sur la réussite scolaire, ceci étant dû au processus d'homogénéisation de la clientèle scolaire ; deuxièmement, l'autonomie croissante des étudiants par rapport à leur milieu d'origine. Il faut remarquer que ces conclusions préliminaires sont basées sur un seul critère d'origine sociale – la profession du père – alors que les deux axiomes majeurs caractérisant ces processus rationnels spécifient, d'une part, un phénomène d'héritage culturel (l'axiome A4) et, d'autre part, un phénomène d'inégalités économiques (l'axiome A5). Il paraît alors préférable de différencier les dimensions économique et culturelle du milieu d'origine pour cerner de plus près cette rationalité en action. Ce faisant, il devient possible d'annuler l'effet relatif de chacun des facteurs et d'observer les changements produits sur les taux de passage en suivant une démarche quasi expérimentale.

4.1. LE MODÈLE DU PROCESSUS DÉCISIONNEL

Le milieu culturel familial est mesuré par la scolarité la plus élevée d'un des parents. Le niveau économique familial est le rapport du revenu du père par le nombre d'enfants dans la famille (cf. tableaux 4.1 et 4.2). Le revenu de la mère n'est pas intégré dans cet indice parce que son estimation par les enfants apparaît peu fiable (Massot, A., 1981, p. 243-255).

TABLEAU 4.1
Environnement culturel familial des étudiant(e)s, secondaire V T1, 1971-1972, secteur français, public

Niveau économique familial		%
Universitaire	1	5,1
Collégial	2	35,6
Secondaire	3	37,2
Élémentaire	4	15,8
Élémentaire incomplet	5	6,3
Total		100,0 (5873)

TABLEAU 4.2
Niveau économique familial des étudiant(e)s, secondaire V T1, 1971-1972, secteur français, public

Niveau économique familial		%
Élevé	5	12,6
Élevé	4	17,3
Élevé	3	18,2
Élevé	2	31,3
Bas	1	20,6
Total		100,0 (2194)

L'agencement des deux axiomes fondamentaux autour de ces deux dimensions de l'origine sociale engendre le modèle suivant :

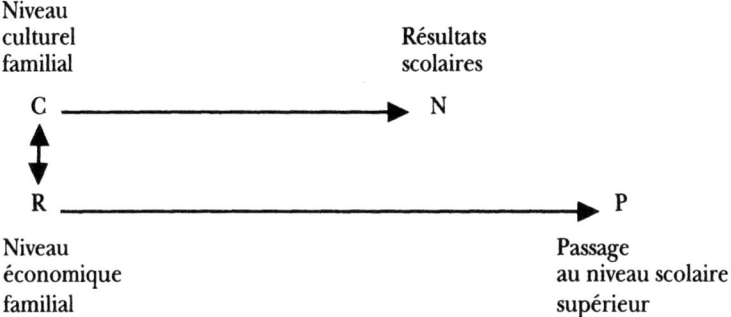

FIGURE 4.1
Modèle du processus décisionnel

Il y a nécessairement interdépendance entre les deux dimensions de l'origine sociale (v de Cramer = 0,28). L'axiome A4 spécifie l'effet de l'héritage culturel sur la réussite scolaire tandis que l'axiome A5 spécifie une interaction entre le niveau économique, la réussite scolaire et la probabilité de passage à un niveau scolaire supérieur.

4.2 Héritage culturel et rationalité économique

L'effet du niveau culturel familial sur les résultats scolaires apparaît très nettement en secondaire V, surtout entre les deux catégories inférieures des résultats scolaires (cf. tableau 4.3). La probabilité d'obtenir des notes faibles est de 0,23 dans un milieu culturel d'origine élevé et de 0,57 dans un milieu culturel d'origine bas. Cette relation s'efface à partir du CEGEP jusqu'à l'université. Ces résultats sont concordants avec ce qui a été établi précédemment.

TABLEAU 4.3
Résultats scolaires, secteur français, public, général, selon le niveau culturel familial

Secondaire V, T1, 1971-1972					
Niveau culturel familial	Résultats scolaires				
	Excellents	Moyens	Faibles	Total	
Élevé 5	23,6	53,5	22,9	100,0	284
Élevé 4	21,4	41,9	36,7	100,0	618
Élevé 3	18,4	43,2	38,4	100,0	1280
Élevé 2	14,0	38,4	47,6	100,0	976
Faible 1	14,0	28,7	57,3	100,0	150
Total	17,9	41,8	40,3	100,0	3308

$x^2 = 85{,}71\, \mathrm{dl}\, 8$ $P < 0{,}001$ $v = 0{,}11$

CEGEP I, T2, 1972-1973					
Niveau culturel familial	Résultats scolaires				
	Excellents	Moyens	Faibles	Total	
Élevé 5	28,6	51,4	20,0	100,0	140
Élevé 4	26,7	56,7	16,6	100,0	217
Élevé 3	27,1	53,6	19,3	100,0	388
Élevé 2	23,1	54,3	22,6	100,0	186
Faible 1	27,3	45,4	27,3	100,0	22
Total	26,4	54,0	19,6	100,0	953

$x^2 = 4{,}39\, \mathrm{dl}\, 8$ n.s $v = 0{,}05$

CEGEP II, T3, 1973-1974					
Niveau culturel familial	Résultats scolaires				
	Excellents	Moyens	Faibles	Total	
Élevé 5	43,9	53,5	2.6	100,0	114
Élevé 4	35,7	56,0	8,3	100,0	157
Élevé 3	35,8	55,1	9,1	100,0	285
Élevé 2	29,2	61,1	9,7	100,0	144
Faible 1	–	–	–	100,0	(16)
Total	35,9	55,7	8,4	100,0	716

$x^2 = 16{,}97\, \mathrm{dl}\, 8$ n.s $v = 0{,}11$

CHAPITRE 4 – ANALYSE DES PROCESSUS DÉCISIONNELS

Niveau culturel familial	UNIVERSITÉ I, T4, 1974-1975				
	Résultats scolaires			Total	
	Excellents	Moyens	Faibles		
Élevé 5	42,6	42,6	14,8	100,0	54
Élevé 4	32,5	51,8	15,7	100,0	83
Élevé 3	43,6	43,6	12,8	100,0	117
Élevé 2	33,3	56,6	10,1	100,0	69
Faible 1	–	–	–	100,0	(6)
Total	38,9	47,7	13,4	100,0	329

$x^2 = 7,82$ dl.8 n.s $v = 0,11$ dl.8 n.s $v = 0,11$

L'analyse des effets du niveau économique familial selon les résultats scolaires traduit une indépendance croissante des taux de passage du secondaire V au CEGEP II (cf. tableau 4.4).

TABLEAU 4.4

Taux de passage, en fonction des résultats scolaires et du niveau économique familial, secteur français, public, général

Niveau économique familial	Secondaire V		
	Résultats scolaires		
	Excellents	Moyens	Faibles
Élevé 5	0,757	0,581	0,319
	70	112	72
Élevé 4	0,630	0,501	0,240
	81	158	121
Élevé 3	0,521	0,503	0,198
	98	149	131
Élevé 2	0,531	0,370	0,175
	96	265	212
Bas 1	0,448	0,375	0,131
	67	157	199

CEGEP I			
Niveau économique familial	Résultats scolaires		
	Excellents	Moyens	Faibles
Élevé 5	0,919	0,842	0,741
	37	63	31
Élevé 4	0,833	0,824	(1) 0,618
	48	74	25
Élevé 3	0,892	0,905	0,678
	37	74	31
Élevé 2	0,957	0,813	0,572
	46	102	28
Bas 1	(1) 0,907	0,795	(1) 0,618
	25	54	24

(1) Taux moyens selon les résultats scolaires

CEGEP II			
Niveau économique familial	Résultats scolaires		
	Excellents	Moyens	Faibles
Élevé 5	0,657	0,581	(1) 0,387
	34	43	5
Élevé 4	0,833	0,515	(1) 0,387
	48	33	6
Élevé 3	0,649	0,518	(1) 0,387
	37	54	6
Élevé 2	0,775	0,578	(1) 0,387
	40	64	5
Bas 1	(1) 0,726	0,615	(1) 0,387
	24	39	9

(1) Taux moyens selon les résultats scolaires

Comme précédemment, une structure interactionnelle se manifeste en secondaire V mais elle prend une forme quelque peu différente de celle postulée par Boudon. Alors que celui-ci met l'accent sur le haut niveau des taux de passage des étudiants d'origine sociale élevée, sauf si les résultats scolaires sont en dessous d'un seuil relativement bas, et sur le bas niveau des taux de passage des étudiants d'origine sociale basse, sauf si les résultats scolaires sont en dessus d'un seuil relativement haut (ce que les données vérifient), il faut ajouter que la variation des taux de passage est moins grande pour un niveau économique faible que pour un niveau économique élevé (0,32 et 0,44). De plus, la variation des taux de passage est plus grande à l'intérieur de la catégorie «résultats excellents» (0,30) que dans la catégorie «résultats faibles» (0,19), ce qui diffère des données utilisées par Boudon. En fait, la structure observée représente plutôt l'image inversée de la structure postulée par Boudon. Le fléchissement des taux de passage observées de la classe C1 est plus grand que celui de la classe C3 contrairement au fléchissement des taux de passage de Boudon. D'autre part, l'interaction est partielle, c'est-à-dire qu'elle disparaît entre les résultats scolaires moyens et faibles (cf. graphique 4.1).

L'interprétation de la rationalité de l'acteur s'en trouve-t-elle modifiée ? Soulignons en premier lieu que le niveau économique familial ne semble pas compenser d'une façon aussi efficace que le suppose Boudon les risques supplémentaires encourus par une scolarisation avec un niveau de réussite plus faible. Les taux de passage chutent plus rapidement pour les étudiants dont le niveau économique familial est élevé que pour les autres. Il reste que, malgré des résultats scolaires relativement meilleurs, les élèves issus d'un milieu familial économiquement défavorisé survivent relativement moins dans le réseau général que les autres.

Deuxièmement, il faut relever le fait que cette structure s'applique à un seul point de bifurcation, le secondaire V, et que les paramètres structurant les processus décisionnels se transforment au cours du cursus scolaire.

Si ces processus sont répétitifs à chaque point de bifurcation, il faut ajouter que le poids de chaque paramètre peut varier. Cela met en évidence la rigidité du modèle de Boudon dont le développement diachronique sur huit points de bifurcation repose sur une structure interactionnelle fixe.

Troisièmement, le poids des paramètres peut varier d'un point de bifurcation à l'autre, tout autant que la nature même des paramètres pertinents. Nous pouvons déjà affirmer que les paramètres qui entrent en action à partir du CEGEP I ne relèvent

GRAPHIQUE 4.1

Taux de passage en fonction des résultats scolaires et du niveau économique familial, secteur français, public, général

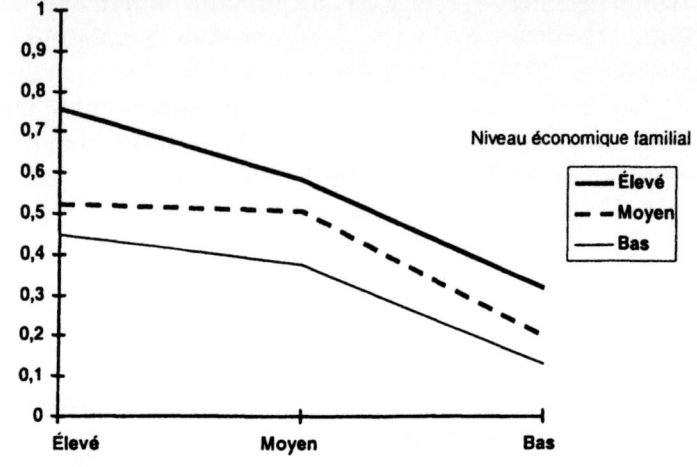

Niveau économique familial :
R1 : élevé
R2 : moyen
R3 : bas
Source : tableau 4.5.

Origine familiale :
C1 : supérieure
C2 : moyenne
C3 : basse

TABLEAU 4.5

Taux de passage, en fonction des résultats scolaires et du niveau économique familial, secteur français, public, général

Niveau économique familial		Secondaire V		
		Résultats scolaires		
		Excellents	Moyens	Faibles
Élevé	5	0,757	0,581	0,319
		70	112	72
Élevé	4	0,630	0,501	0,240
		81	158	121
Élevé	3	0,521	0,503	0,198
		98	149	131
Élevé	2	0,531	0,370	0,175
		96	265	212
Bas	1	0,448	0,375	0,131
		67	157	199

pas directement du niveau économique familial. Voilà une première observation de forme négative mais non moins importante. Cela n'implique pourtant pas que les contraintes d'ordre économique n'interviennent plus dans les processus décisionnels à partir du CEGEP I. Il se peut qu'à ce niveau les processus décisionnels relèvent plus directement des étudiants eux-mêmes que de leur milieu d'origine parce qu'ils seraient déjà autonomes. Les analyses de Noëlle Bisseret (1974, chap. III) confirment le bien-fondé de cette hypothèse dans le contexte universitaire français. Pour rejoindre les effets des contraintes économiques, il faudrait faire intervenir une mesure d'ordre économique centrée sur les étudiants ; par exemple, le fait d'avoir ou non un emploi pendant les études.

Finalement, puisqu'il s'agit d'une rationalité stratégique, les motifs d'abandons scolaires devraient éclaircir ces processus décisionnels qui ne peuvent s'interpréter d'une manière juste que face aux alternatives en présence.

4.3 Les stratégies compensatoires

En considérant simultanément les relations spécifiées par les axiomes A4 et A5, c'est-à-dire la relation entre le niveau culturel familial et la réussite scolaire, et la relation entre le niveau économique familial et les taux de passage selon la réussite scolaire, on obtient les probabilités de transition pour chaque niveau scolaire observé (cf. tableau 4.6). Dans ce tableau, seuls les taux de passage en CEGEP général suivent une dégradation constante et régulière selon les dimensions culturelle et économique du milieu d'origine des étudiants.

Ce qui nous intéresse maintenant est de savoir comment ces inégalités se transforment en supprimant l'effet de l'une ou l'autre dimension de l'origine sociale. Les tableaux 4.7 et 4.8 répondent à cette intention. Dans le premier, les effets des inégalités culturelles sur la réussite sont maintenus constants, et dans le deuxième, ce sont les effets des inégalités économiques sur les taux de passage pour un niveau de réussite qui sont maintenus constants.

On remarque alors une plus grande égalisation des taux de passage au CEGEP général en supprimant l'effet des inégalités économiques plutôt qu'en supprimant les effets des inégalités culturelles. En comparant la variation de ces taux hypothétiques à celle engendrée par le modèle (cf. tableau 4.9), on peut dire que le facteur culturel réduit de 13 %[1] les inégalités engendrées par le modèle, tandis que le facteur économique réduit ces inégalités de 60 %[2]. Le facteur économique apparaît donc nettement prédominant comme facteur explicatif dans le modèle des inégalités des chances scolaires tel que construit par Boudon et tel qu'appliqué à un seul point de bifurcation, en secondaire V. Mais sur la base de cette analyse, on ne peut pas extrapoler l'effet du facteur économique sur les taux de passage dans la suite des points de bifurcation jusqu'à l'université. La dimension économique du milieu d'origine n'engendre pas d'effets répétitifs et exponentiels après le secondaire V.

---

1. Réduction par le facteur culturel de la variation des taux en secondaire V : .2487 - 0,2172 = 0,0315 ; en pourcentage : 0,0315 :(0,2487 x 100) = 13 %.
2. Réduction par le facteur économique de la variation des taux en secondaire V : 0,2487 - 0,0998 = 0,1489 ; en pourcentage : 0,1489 :(0,2487 x 100) = 60 %.

TABLEAU 4.6
Probabilités de transition selon les résultats scolaires, le milieu culturel familial et le niveau économique familial, secteur français public général

Niveau économique familial	Niveau culturel familial	SEC V - T1 1971-71	CEGEP I - T2 1972-73	CEGEP II - T3 1973-74
R5 élevé	C5 élevé	0,5626	0,8483	0,5847
	C4	0,5225	0,8458	0,5753
	C3	0,5128	0,8433	0,5893
	C2	0,4809	0,8370	0,5867
	C1 bas	0,4555	0,8355	–
R4	C5	0,4717	0,7946	0,6572
	C4	0,4328	0,7922	0,6294
	C3	0,4245	0,7963	0,6634
	C2	0,3948	0,7893	0,6420
	C1	0,3695	0,7784	–
R3	C5	0,4374	0,8559	0,5545
	C4	0,3950	0,8638	0,5400
	C3	0,3892	0,8597	0,5583
	C2	0,3603	0,8507	0,5484
	C1	0,3308	0,8395	–
R2	C5	0,3634	0,8060	0,6337
	C4	0,3328	0,8115	0,6121
	C3	0,3247	0,8055	0,6394
	C2	0,2649	0,7919	0,6243
	C1	0,2808	0,7866	–
R1 bas	C5	0,3363	0,7916	0,6286
	C4	0,3011	0,7956	0,6154
	C3	0,2947	0,8491	0,6341
	C2	0,2691	0,7809	0,6290
	C1	0,2454	0,7772	–

TABLEAU 4.7

Probabilités de passage en fonction du niveau économique familial, avec l'hypothèse où il n'existe pas d'inégalités d'héritage culturel, secteur français public général

Niveau économique familial	SEC V	CEGEP I	CEGEP II
R5	0,5070	0,8425	0,5920
R4	0,4189	0,7957	0,6518
R3	0,3834	0,8571	0,5540
R2	0,3202	0,8031	0,6396
R1	0,2898	0,7898	0,6357

Variation des catégories extrêmes en secondaire V : 0,5070 - 0,2898 = 0,2172

TABLEAU 4.8

Probabilités de passage en fonction des inégalités d'héritage culturel, avec l'hypothèse où il n'existe pas d'inégalités de niveau économique familial, secteur français, public, général

Niveau culturel familial	SEC V	CEGEP I	CEGEP II
C5	0,4183	0,8127	0,6343
C4	0,3804	0,8188	0,6111
C3	0,3722	0,8132	0,6097
C2	0,3432	0,8031	0,5984
C1	0,3185	0,7958	–

Variation des catégories extrêmes en secondaire V : 0,4183 - 0,3185 = 0,0998

TABLEAU 4.9

Probabilités de passage selon le niveau économique familial, le niveau culturel familial, les résultats scolaires, du secondaire V à l'université, secteur français, public, général

	SEC V	CEGEP I	CEGEP II
C5	0,4183	0,8127	0,6343
R5	0,5267	0,8449	0,5837
R4	0,4248	0,7940	0,6446
R3	0,3869	0,8504	0,5421
R2	0,3033	0,8026	0,6071
R1	0,2780	0,8703	0,5696

Variation des catégories extrêmes en secondaire V : 0,5267 - 0,2780 = 0,2487

4.4 À L'ENTOUR DE L'AXIOMATIQUE DE L'INÉGALITÉ DES CHANCES

Le modèle de Boudon spécifie un effet direct de l'héritage culturel sur la réussite scolaire. Dans un deuxième temps, la réussite scolaire est constitutive du champ décisionnel. Ainsi, l'héritage culturel a un effet indirect sur les taux de passage dans le sens où il est médiatisé par la réussite scolaire. Nous avons longuement insisté sur les fondements théoriques qui légitiment ce modèle. D'un autre côté, l'épreuve empirique développée jusqu'à présent n'offre qu'une validation partielle de ces énoncés. Si nous n'avons pas observé de structure interactionnelle entre les paramètres du modèle au niveau du CEGEP, il ne faut pas en conclure pour autant que la rationalité économique est inopérante à ce stade du cursus scolaire. Nous constatons seulement qu'elle ne se manifeste pas selon les critères construits autour du milieu social d'origine et il importe de retenir la plausibilité de son efficacité selon des paramètres construits directement autour de la situation économique des étudiants, auquel cas il faudrait introduire l'hypothèse complémentaire de l'autonomie de l'étudiant par rapport à son milieu d'origine. Mais en secondaire V, il y a bien un effet de l'héritage culturel sur la réussite scolaire, puis l'amorce d'une structure interactionnelle entre le niveau économique familial, les résultats scolaires et les taux de passage. En contrôlant l'effet relatif de chacune des dimensions du milieu d'origine, ces données mettent en relief la prédominance des inégalités économiques par rapport aux inégalités culturelles dans l'explication des inégalités des chances scolaires en secondaire V, ce qui est conforme aux stratégies politiques issues du modèle axiomatisé de Boudon. Cependant, il faut se rendre compte que le modèle ainsi construit limite l'effet direct de l'héritage culturel à la variation de la réussite scolaire. Or, on peut se demander premièrement si la dimension économique du milieu familial n'intervient pas également dans la détermination de la réussite scolaire. Deuxièmement, on peut s'interroger sur le caractère restrictif des effets directs de la dimension culturelle. Le modèle serait adéquat si, et seulement si, il est démontré que le niveau culturel n'a pas d'effets directs sur les taux de passage.

Nous proposons de vérifier l'exclusivité des relations spécifiées dans le modèle de Boudon par la méthode d'analyse nominale hiérarchique[3].

4.5 Les paramètres culturels de la rationalité

Les deux modèles vérifiés autour de l'axiome A4 sont significatifs et concurrents, c'est-à-dire que la dimension culturelle et la dimension économique du milieu familial engendrent des effets significatifs sur les résultats scolaires (cf. tableau 4.10).

La méthode de décomposition des modèles permet d'évaluer la significativité et la contribution relative de chaque paramètre. Ainsi, l'interrelation entre les deux dimensions du milieu d'origine est significative dans les deux modèles et donne dans les deux cas un coefficient de détermination partielle élevé ($a \geq 0{,}90$). Mais la contribution du facteur culturel est relativement plus importante que celle du facteur économique dans l'explication de la variation des résultats scolaires. Voici une épreuve supplémentaire en faveur de l'axiome A4. Par contre, même si le facteur économique est significatif, nous ne savons pas quel contenu théorique donner à cette relation empirique entre le niveau économique familial et les résultats scolaires.

Les probabilités normalisées des résultats scolaires selon la dimension culturelle sont présentées au tableau 4.11[4].

---

3. Cette méthode d'analyse multivariée est issue des travaux de L. A. Goodman. François Béland l'a programmée en langage APL. SVA. Ce programme est accessible à la Faculté des sciences de l'éducation de l'Université Laval, Projet ASOPE. Cf. Béland, F., « ANOMHI, un programme d'un langage APL-SVA pour l'étude des tableaux de contingence multivariés ». Miméo. ASOPE. 1978.
4. Les probalités normalisées sont construites sur la base d'une distribution équivalente des fréquences marginales. La normalisation permet d'annuler les effets des distributions marginales et isole l'effet d'interaction.

TABLEAU 4.10
Analyse nominale hiérarchique des résultats scolaires

Modèles vérifiés	X2 de vraisemblance	dl maximum	Contribution des paramètres		
(1) hypothèse d'équiprobabilité ERN	589,15	26			
(2) hypothèse d'indépendance E, R, N,	240,35	20			
(3) [ER] EN	12,95*	12			
(4) [ER] RN	16,86*	12			
Décomposition du modèle [ER] EN					
(5) R, EN	216,39	16			
	12,95	12	ER		
	203,44*	4	R =	0,92	
(6) ER, N	36,91	16			
	12,95	12	EN		
	23,96*	4	R =	0,53	
Décomposition du modèle [ER] RN					
(7) R, EN	220,30	16			
	16,86	12	ER		
	203,44*	4	R =	0,90	
(8) ER, N	36,91	16			
	16,86	12	RN		
	20,05*	4	R =	0,39	

E = Niveau culturel familial
R = Niveau économique familial
N = Résultats scolaires en secondaire V
R = Coefficient de détermination partiel.
* = Significatif à 0,05

TABLEAU 4.11
Probabilités normalisées, résultats scolaires, selon le niveau culturel familial, secondaire V, section français, public, général

| Niveau | Résultats scolaires | | |
culturel familial	Excellents	Moyens	Faibles
Élevé	0,39	0,35	0,26
Moyen	0,33	0,33	0,34
Faible	0,28	0,31	0,41

Les modèles s'inscrivent à l'aide de caractères qui représentent les variables. L'hypothèse d'une association entre deux variables est représentée par la conjonction des symboles (i.e. ER). L'hypothèse d'une interaction entre variables ou plus est représentée par la conjonction des symboles correspondants (i.e. ERN). L'indépendance entre chacune des variables s'écrit E,R,N dans le cas présent. Si le modèle d'indépendance est significatif, il n'y a pas lieu de poursuivre l'analyse. L'hypothèse d'équiprobabilité implique que le nombre d'observations est égal dans chacune des cellules d'un tableau de contingence. Les hypothèses testées cherchent à réduire la variation du tableau de contingence représenté par le Khi deux d'équiprobabilité. Pour qu'un modèle soit significatif, la valeur du Khi deux de vraisemblance maximum doit être inférieure à la valeur du Khi deux au seuil de 0,05. Le coefficient de détermination partielle (R) mesure l'apport de chaque paramètre au modèle testé.

4.6 LA PLACE DU POSTULAT DE LA RATIONALITÉ

La juxtaposition des deux axiomes du modèle de Boudon peut se formaliser ainsi : [ERN] RNP, où le premier terme recouvre l'axiome A4 spécifiant l'effet de la dimension culturelle (E) sur les résultats scolaires (N) (celui-ci est tenu constant), et où le deuxième terme spécifie la structure interactionnelle entre le facteur économique (R), les résultats scolaires et les taux de passage (P). On constate que ce modèle n'est pas significatif (cf. tableau 4.12). Par contre, le modèle devient significatif si on introduit une relation directe entre le niveau culturel familial et les taux de passage. La décomposition de l'interaction (RNP) du modèle (4) rend celui-ci encore plus significatif, mais l'interaction elle-même ne l'est pas : ce qu'on observe clairement à partir des probabilités normalisées de passage selon les résultats scolaires et le niveau économique familial. On peut dire alors que l'estimation des coûts associés à un niveau de scolarité plus élevé est proportionnelle au statut économique familial pour un niveau de réussite scolaire donné (cf. graphique 4.2).

TABLEAU 4.12
Analyse nominale hiérarchique des taux de passage au CEGEP général

Modèles vérifiés	X2 de vraisemblance	dl maximum	Contribution des paramètres
(1) hypothèse d'équiprobabilité	1133,42	53	
(2) hypothèse d'indépendance [ERN] P	321,88	44	
(3) [ERN] RNP	84,37	18	
(4) [ERN] RNP, EP	21,90*	16	
Décomposition du modèle [ERN] RNP, EP			
(5) [ERN] RP, NP, EP	23,06*	20	
	21,90	16	
	1,16*	4	Interaction RNP
Modèle concurrent			
(6) [ERN] RP, ENP	15,26*	16	
Décomposition du modèle [ER] RP, ENP			
(7) [ERN] RP, EP, NP	23,06	20	Interaction ENP
	15,26	16	
	7,80*	4	R = 0,17
(8) [ERN] RP, NP	85,79	22	
	15,26	16	EP
	70,53*	6	R = 0,76
(9) [ERN] RP, EP	190,05	22	NP
	15,26	16	
	174,79*	6	R = 0,89
(10) [ERN] EP, NP	36,42	22	RP
	15,26	16	
	21,16*	6	R = 0,42

GRAPHIQUE 4.2

Taux de passage en fonction des résultats scolaires et du niveau économique familial, secteur français, public, général

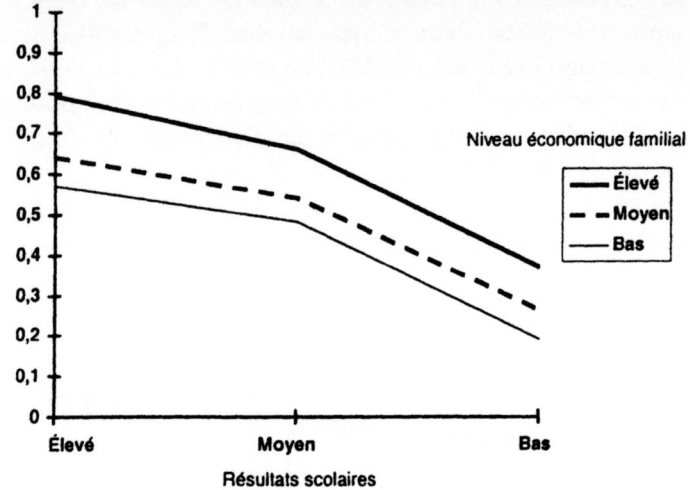

Niveau économique familial :
R1 : élevé
R2 : moyen
R3 : bas
Source : tableau 4.13.

TABLEAU 4.13

Probabilités normalisées de passage au CEGEP général, cohorte III, secteur français, général, public

| Niveau | Résultats scolaires | | |
économique familial	Excellents	Moyens	Faibles
R1 élevé	0,79	0,66	0,37
R2 moyen	0,64	0,54	0,26
R3 faible	0,57	0,48	0,19

L'interaction (RNP) n'étant pas significative, la relation RN n'ayant pas de fondements théoriques, nous proposons le modèle concurrent suivant [ERN] RP, ENP (6) qui est significatif et à partir duquel nous estimons la contribution relative de chaque paramètre en le décomposant. On constate que le paramètre (RP), soit le facteur économique, est significatif, mais il n'est ni le seul ni le plus important dans l'explication des taux de passage. Les résultats scolaires (NP) et le facteur culturel (EP) paraissent relativement plus importants que le facteur économique. On ne peut donc restreindre l'effet direct de l'héritage culturel à une simple variation de réussite scolaire telle que stipulée dans le modèle de Boudon puisqu'il existe une relation directe significative entre le niveau culturel familial et les taux de passage en CEGEP général. Encore plus intéressante est l'émergence d'une interaction entre le facteur culturel, les résultats scolaires et les taux de passage. Celle-ci est conforme à la structure interactionnelle de l'hypothèse de Boudon, si on exclut le cas des élèves ayant des résultats scolaires faibles, à cette différence près que l'intention de scolarisation de l'acteur à ce niveau scolaire semble être structurée davantage en fonction de la dimension culturelle du milieu familial plutôt qu'en fonction de la dimension économique du milieu familial. Ce que Boudon nomme la rationalité économique n'est ni exclusive ni la plus significative à ce niveau scolaire et dans le contexte québécois, puisqu'elle entre en concurrence avec ce qu'on pourrait appeler la rationalité culturelle. En effet, la perception des bénéfices associés à un niveau de scolarité plus élevé, et les mécanismes de compensation des risques supplémentaires encourus par une scolarisation avec un niveau de réussite plus faible, relèvent plus du niveau culturel des parents que de leur statut économique (cf. graphique 4.3).

GRAPHIQUE 4.3

Probabilités normalisées de passage, secondaire V, selon le niveau culturel familial et les résultats scolaires

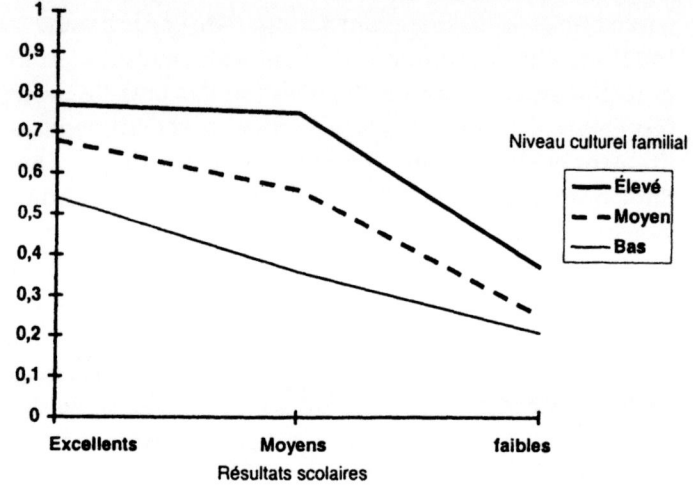

Niveau culturel familial :
C1 :   élevé
C2 :   moyen
C3 :   bas
Source : tableau 4.14

TABLEAU 4.14

Probabilités normalisées de passage au CEGEP général, secteur français public général 1971-1972, selon les résultats scolaires et le niveau culturel familial

Niveau culturel familial	Résultats scolaires		
	Excellents	Moyens	Faibles
Élevé	0,77	0,75	0,37
Moyen	0,68	0,56	0,25
Faible	0,54	0,36	0,21

Conclusion

La notion de rationalité culturelle a surgi d'une façon quelque peu inattendue au dernier détour de l'analyse, en vérifiant l'exclusivité des relations constitutives du modèle systémique de l'inégalité des chances scolaires de Boudon. Ce modèle est construit sur deux axiomes fondamentaux : le premier définit un effet direct de l'héritage culturel sur la réussite scolaire ; le deuxième, une structure interactionnelle faisant intervenir la réussite scolaire et des paramètres de type économique dans la détermination des processus décisionnels d'orientation scolaire. Le modèle délimite donc un effet indirect de l'héritage culturel sur les taux de passage parce qu'il est médiatisé par la réussite scolaire. S'agissant d'un modèle dynamique, il faut ajouter que l'effet du premier axiome tend à se dissiper dans le temps, tandis que l'effet du deuxième est répétitif à chaque point de bifurcation et génère des effets exponentiels dans la répartition des chances scolaires. Le modèle serait adéquat si, et seulement si, on peut démontrer à la fois l'existence et l'exclusivité de ces relations et tendances.

Sur la section analyste du cursus scolaire, nous avons constaté que la variation des résultats scolaires est liée au niveau culturel familial en secondaire V, mais cette relation disparaît ultérieurement du CEGEP jusqu'à l'université. Cependant, il ne faut pas interpréter cette tendance comme un processus d'autonomisation de l'élève par rapport à son milieu d'origine, mais plutôt comme le résultat d'un phénomène d'homogénéisation de la clientèle scolaire par une sélection différentielle selon les résultats scolaires. S'il y a autonomisation de l'élève au cours du cursus scolaire, ce processus survient avant le secondaire V puisque déjà à ce niveau, parmi les élèves qui survivront jusqu'à l'université, ceux de milieu culturel défavorisé réussissent proportionnellement aussi bien que ceux de milieu culturel favorisé.

Il s'avère que les paramètres d'ordre économique liés au milieu social d'origine et structurant les processus décisionnels d'orientation scolaire sont significatifs en secondaire V. Les taux de passage en CEGEP général sont plus élevés pour chaque niveau de réussite scolaire si l'étudiant(e) est issu(e) d'un milieu économique favorisé. L'accroissement des risques d'échecs engendrés par un succès scolaire inférieur est compensé par des ressources économiques supplémentaires. Cette compensation est proportionnelle pour chaque niveau de résultats scolaires, mais elle reste relativement minime dans le cas des élèves avec des résultats scolaires faibles pour lesquels les taux de passage chutent brutalement. Hormis ces derniers, les chances scolaires des élèves avec une réussite moyenne, issus d'un milieu économique favorisé, équivalent les chances scolaires des élèves avec une réussite supérieure mais de milieu économique défavorisé. Le système méritocratique en secondaire V repose sur une structure bancale.

La dimension économique du milieu d'origine devient sans effet sur les taux de passage au cours du CEGEP général jusqu'à l'université. Cette dimension n'intervient pas de façon répétitive et n'engendre donc pas d'effets exponentiels aux points de bifurcation après le secondaire V. La variation du poids des paramètres du champ décisionnel et le caractère transitoire des paramètres efficaces d'un point de bifurcation à l'autre mettent en évidence la rigidité du modèle de Boudon, dont le développement sur huit points de bifurcation repose sur la même structure interactionnelle.

Les effets de la dimension économique du milieu d'origine ne sont ni interactionnels, ni exclusifs, ni les plus importants dans l'explication des taux de passage du CEGEP général. Nous n'avons pas relevé une interaction entre réussite scolaire, taux de passage et niveau économique familial qui soit compatible avec l'axiome de Boudon, au sens où les mécanismes de compensation des risques d'échecs supplémentaires à cause de résultats scolaires inférieurs sont plus efficaces pour un statut économique familial élevé que pour un statut inférieur. L'absence d'interaction selon la dimension économique ne détruit pas l'entière plausibilité d'effets de cette nature. Ils pourraient relever plus directement du statut économique réel de l'étudiant plutôt que de son environnement d'origine. Cela reste à vérifier. D'ici là, nous pouvons affirmer que la dimension économique du milieu familial entre en concurrence avec la dimension culturelle qui engendre des effets directs encore plus importants sur les taux de passage et, qui plus est, présente une structure interactionnelle partiellement compatible cette fois avec les données hypothétiques de Boudon, à savoir que les chances scolaires des élèves avec une réussite moyenne issus d'un milieu culturel favorisé surpassent les chances scolaires des élèves avec une réussite supérieure mais de milieu culturel défavorisé. C'est sur la base de ces observations que nous introduisons la notion de rationalité culturelle.

Ces résultats donnent prise à une autre critique importante du modèle utilisé. Le fait de limiter l'héritage culturel à un effet direct sur la réussite scolaire et le postulat d'une structure décisionnelle commandée par des paramètres économiques conduisent inévitablement à surestimer le facteur économique dans la mécanique répétitive de l'inégalité des chances.

Ces mêmes résultats renforcent le postulat de la rationalité de l'acteur. Nous constatons que les mécanismes de compensation des risques d'échecs sont plus efficaces pour un niveau culturel familial élevé que pour un niveau culturel bas si on exclut le cas des élèves avec réussite faible. Compensation telle que les taux de passage des élèves de milieu culturel élevé se stabilisent à un haut niveau, indépendamment de la réussite scolaire. Cela signifie également que la valorisation des options scolaires ne se fait pas d'une manière absolue, mais bien en fonction du niveau culturel familial. Poursuivons l'interprétation dans les termes de Boudon : « Lorsque la réussite présente est médiocre, une unité familiale s'estimera « satisfaite » si l'enfant a atteint un niveau scolaire lui permettant d'espérer un statut social égal ou supérieur au sien, même si ce statut n'est pas très élevé. Par contre, une unité familiale de niveau élevé s'efforcera (il faudrait ajouter : en moyenne plus fréquemment) de « pousser » l'enfant de manière à lui éviter de « déchoir » même si la réussite est médiocre. » (Boudon, R., 1977, p. 234). Nous parlons alors de rationalité culturelle au sens précis où le champ décisionnel de scolarisation en secondaire V se structure davantage en fonction d'un paramètre d'origine sociale d'ordre culturel qu'en fonction d'un paramètre d'ordre économique.

La substitution de la dimension économique du milieu d'origine par la dimension culturelle n'implique pas pour autant un retour au mode d'explication hyperculturaliste. En effet, l'hyperculturalisme fait de l'action sociale « une résultante exclusive d'éléments antérieurs à l'action » (Boudon, R., 1977, p. 239). « Pourquoi, souligne de nouveau Boudon, faudrait-il supposer une inflexibilité systématique des montages dus au processus de socialisation par rapport aux changements des situations et positions sociales dans lesquelles les individus peuvent se trouver à tel ou tel moment ? » (Boudon, R., 1977, p. 239). Cette interrogation constitue une véritable rupture paradigmatique par rapport à l'hyperculturalisme qui utilise un registre explicatif de type déterministe selon lequel la conduite des acteurs fonctionne comme un habitus de classe. Nos résultats infirment le caractère inflexible et systématique des montages résultant de l'intériorisation des normes et valeurs propre à chaque classe ou groupe social, puisque la décision de poursuivre des études de formation générale après le secondaire repose sur la prise en considération simultanée de paramètres conjoncturels (les résultats scolaires) et de paramètres prévisionnels (bénéfices anticipés), lesquels engendrent une structure complexe (interactionnelle) s'ils sont mis en relation avec des paramètres antérieurs à l'action (le niveau culturel familial). Par conséquent, cette analyse n'invalide absolument pas le postulat fondamental de la rationalité de l'acteur. Nous découvrons simplement que les effets du niveau culturel familial sont plus importants que les effets du niveau économique familial à ce stade du cursus scolaire. Comment interpréter ce résultat ? Rappelons que le niveau culturel familial est mesuré par le diplôme le plus élevé des parents. Dans la mesure où, comme le dit Bertaux, « le diplôme assure une certaine position sociale : travail d'exécution si on ne l'a pas, activité d'encadrement si on l'a », on peut comprendre pourquoi cette dimension devient prédominante dans les processus décisionnels d'orientation scolaire des élèves (Bertaux, D., 1977, p. 225). Prédominante, non pas en tant qu'indice de bagage culturel qui serait hérité, mais en tant que droit d'accessibilité à un statut d'agent d'encadrement en même temps que garantie contre le risque d'exercer une activité d'exécution. En faisant référence à « l'effet de diplomation » (cf. Bertaux, D., 1977, p. 26), nous nous éloignons de la conception du capital culturel qui serait amassé sur les étagères de la bibliothèque familiale pour nous rapprocher d'une conception plus « utilitariste » de la rationalité de l'acteur et moins étroitement économique.

La conception du système scolaire comme étant un marché relativement libre apparaît fondamentalement juste en opposition au marché structurellement contingenté des emplois. Les inégalités scolaires et sociales relèvent de mécanismes de détermination spécifiques. D'un côté, les places de travail sont allouées, de l'autre, il y a autocréation des places d'études moyennant certaines conditions minimales. C'est dans le jeu de ces conditions minimales que les inégalités scolaires se produisent. Ainsi, l'excellence scolaire n'a pas la même importance en terme de survie scolaire selon que l'étudiant appartient à un milieu social favorisé ou non. Sans doute est-il nécessaire de tenir compte de certains contingentements structurels dans le système scolaire qui limitent les champs des possibles. Mais l'intérêt de cette conception est de restituer un pouvoir décisionnel l'acteur social.

Définir le système scolaire comme une suite de points de bifurcation ne paraît pas très original à première vue. Pourtant, cette conception a des conséquences considérables sur le plan de l'analyse puisqu'elle permet d'ancrer les processus décisionnels à chaque point de bifurcation. Ce qui est impossible si on mesure la scolarité comme une simple sommation d'années de scolarité constituant ainsi une variable métrique dépendante dans un modèle de régression linéaire. Nous avons vérifié qu'à la fin du secondaire, les chances scolaires ne s'expliquent pas simplement par des effets linéaires du milieu d'origine mais par des effets interactionnels. Ces effets ne sont peut-être pas exponentiels après le secondaire V, puisque les chances scolaires se stabilisent au niveau du CEGEP jusqu'à l'université, mais ils restent conditionnels. Si bien que les probabilités d'atteindre l'université à partir du secondaire V demeurent fortement liées à l'origine sociale. Le développement longitudinal du modèle coïncide plus étroitement avec la réalité sociologique des cheminements scolaires par le fait qu'il repose sur un calcul de probabilité plutôt que sur un modèle de régression linéaire. De plus, les faits sociologiques se construisent plus aisément sur un mode nominal que sur un mode métrique. C'est pour ces mêmes raisons que les nouvelles techniques d'analyse nominale multivariée sont en vogue actuellement. Boudon, avant quiconque, est allé à contre-courant des analyses de cheminement de causalité assez sophistiquées mais aussi sociologiquement très pauvres.

En accordant un statut réel à l'acteur, nous esquivons le piège d'une conception mécaniste de l'école selon laquelle les destins scolaires des étudiants seraient prédéterminés par un finalisme caricatural du système scolaire destiné à reproduire systématiquement la division de la société en classes sociales. Nous touchons ici à un problème complexe : l'intégration théorique de la fonctionnalité globale de reproduction du système scolaire avec l'analyse des cheminements scolaires réels qui sont vécus comme des destinées.

La notion de réseau permet d'éclaircir ce dilemme. Dire que le système scolaire est structuré sur des réseaux renvoie à un certain nombre de propriétés facilement identifiables et vérifiables :

1) L'existence de points de bifurcation prédéfinis. Le réseau professionnel, par exemple, conduit unilatéralement sur le marché du travail en secondaire V et en CEGEP III.

2) Le caractère hermétique des réseaux. C'est-à-dire que le réseau général alimente le réseau professionnel, les transferts inverses étant impossibles.

3) L'acquisition de pratiques scolaires spécifiques à chaque réseau.

4) La distribution des élèves à certaines places (et pas à d'autres) dans la structure professionnelle.

Il est clair que l'on peut faire l'économie du postulat de la rationalité de l'acteur dans l'analyse des propriétés structurelles du système scolaire. À ce niveau, l'intentionnalité du sujet (des élèves et/ou de leurs parents) est inutile et inefficace. Si 90 % des élèves en secondaire V professionnel sortent du système scolaire, c'est parce qu'il s'agit d'un point de bifurcation prédéfini. Si la majorité de ces élèves se retrouvent dans des postes d'agents d'exécution, c'est parce que le système scolaire est ainsi construit. Nous touchons à la fonctionnalité globale du système scolaire ayant pour finalité la qualification-distribution des acteurs dans les rapports sociaux. La sociologie de l'éducation élaborée selon le modèle de reproduction sociale s'arrête à ce palier d'analyse, c'est-à-dire en deçà du dilemme soulevé : comment cette fonctionnalité globale du système scolaire est-elle assurée par l'agrégation de cheminements scolaires individuels, et réciproquement ? Dire que les réseaux scolaires opèrent un recrutement préférentiel de sorte que les cheminements scolaires dépendent de la position sociale d'origine est insuffisant et inadéquat. Insuffisant parce que l'orientation scolaire des élèves n'est pas prédestinée. Nous avons observé que l'accès à l'université n'est pas systématiquement garanti pour les élèves issus d'un milieu social favorisé, que la reproduction-distribution révèle une certaine « fluidité » des cheminements scolaires particulièrement évidente en secondaire V. La configuration de ces fluctuations est inexplicable sous la forme de propositions causales liant simplement l'origine sociale et le niveau de scolarité, d'où le caractère inadéquat de telles propositions. L'analyse de l'orientation scolaire doit s'inscrire dans une perspective longitudinale faisant intervenir des « facteurs » antérieurs, conjoncturels et postérieurs à l'action, dont l'agencement signale une logique originale qui peut s'interpréter en termes de stratégie. Le postulat de la rationalité de l'acteur rend compte de mécanismes générateurs d'inégalités scolaires qui passeraient inaperçus si on se contentait de relever seulement les probabilités d'accès à l'université selon l'origine sociale.

Au lieu de fermer prématurément le Grand Livre de la Sociologie en se satisfaisant d'énoncés universaux partiellement faux, les axiomes du modèle de Boudon ouvrent de nombreuses voies de recherches fécondes. Ce n'est pas là le moindre de ses avantages.

Chapitre 5

LES TRAVAUX DE
RAYMOND BOUDON

Charles-Henry Cuin *

Au tournant des années 1970, les thèses de l'École française de sociologie de l'éducation avaient trouvé, avec la publication de *La reproduction* en 1970 et de *L'école capitaliste en France* en 1971, leur forme la plus élaborée. Elles s'imposaient comme le discours sociologique dominant sur la reproduction, non seulement des inégalités sociales, mais aussi de l'inégalité des chances – après avoir empêché, du même coup, l'émergence d'une authentique sociologie de la « mobilité sociale » tout au long de la décennie précédente. Même si les travaux de Bertaux avaient permis de jeter certaines des bases essentielles d'une théorie de la mobilité, ce n'était pas sous l'effet d'une véritable « demande » scientifique et sociale : d'une part, les théories de l'inégalité des chances devant l'enseignement et de la fonction « reproductrice » de l'institution scolaire tenaient lieu de principe explicatif de l'inégalité des chances *sociales* (voire de théorie de la distribution et de la mobilité sociales) ; d'autre part, la priorité était moins à l'étude d'une mobilité dont on estimait qu'elle était fort réduite qu'à celle des facteurs d'une inégalité des chances dont on déplorait la reproduction. Ce furent les démarches de Raymond Boudon qui, pendant cette même période, permirent à la sociologie

---

 * Charles-Henry Cuin, docteur en sociologie, est maître de conférence à l'Université de Bordeaux II. Il est membre du Laboratoire d'analyse des problèmes sociaux et de l'action collective (LAPSAC).

française de voir naître une telle théorie, alors même que celles de Bertaux allaient – preuve de l'importance des obstacles dressés devant l'idée même d'une telle entreprise – conduire ce dernier à abandonner peu à peu l'objectif de l'élaboration d'une telle théorie.

Dans le cadre de la recherche qui est la nôtre, il ne suffirait pas de montrer combien les travaux de Boudon* dans ce domaine constituent, par rapport aux pratiques existantes, une innovation théorique et méthodologique – ni même de souligner la supériorité de leurs capacités explicatives. Il convient aussi de tenter d'identifier les raisons qui ont conduit ce sociologue français, d'une part à s'emparer de façon originale d'une problématique jusque-là délaissée et d'autre part à mobiliser les ressources épistémologiques, théoriques et méthodologiques qui lui ont permis de faire aboutir une telle démarche. Pour ce faire, on analysera les cadres théoriques généraux qui organisent ces travaux et on tentera de reconstruire la genèse d'une entreprise dont le caractère novateur des résultats semble ne pas être seulement le fruit d'innovations scientifiques mais, plus profondément, celui d'une conception critique originale de la nature même de la réalité sociale.

5.1 L'INNOVATION THÉORIQUE ET MÉTHODOLOGIQUE

Le schéma théorique élaboré par Boudon pour rendre compte des phénomènes de la mobilité sociale est présenté par son auteur comme le résultat d'une analyse critique de l'état actuel de ce domaine de la sociologie. De fait, la problématique générale qui – explicitement – dirige les recherches de l'auteur de *L'inégalité des chances* est celle des conséquences du double phénomène de massification et de démocratisation de l'enseignement sur l'évolution des flux de mobilité sociale intergénérationnelle dans les sociétés occidentales. Boudon souligne en

---

*   Au moment de mettre sous presse, j'ai pris connaissance d'une systématisation élaborée de l'œuvre de Raymond Boudon de mon collègue Yao Assogba : *La sociologie de Raymond Boudon. Essai de synthèse et applications de l'individualisme méthodologique*. J'espère bien que ce livre contribuera à souligner la place tout à fait exceptionnelle de Raymond Boudon au-delà de la crise de la sociologie contemporaine.

effet que l'une des propositions les plus couramment admises par la sociologie contemporaine [selon laquelle « le développement de la scolarisation corrélatif de l'expansion des sociétés industrielles devait de façon quasi mécanique engendrer une augmentation de l'égalité des chances devant l'enseignement et la société » (Boudon, R., 1973, p. 8)] se trouve largement infirmée par les faits : « *Parmi les différentes formes de l'inégalité sociale, l'inégalité des chances est celle qui apparaît avec les inégalités économiques, comme la plus réfractaire au changement.* » (Boudon, R., 1973, p. 12).

Une telle contradiction entre les théories explicites ou implicites sur l'évolution de l'égalité des chances (et donc de la mobilité sociale) et les résultats de l'observation empirique signerait une « crise » de la sociologie de la mobilité sociale, dont Boudon s'interroge sur les causes profondes. Sa réponse est que cette « crise » tiendrait, pour l'essentiel, à la nature *formelle* des théories traditionnelles et – plus précisément – à leur « syntaxe ».

A) *Les préalables épistémologiques de la démarche*

Lors de ses premiers travaux dans ce domaine, Boudon a d'emblée affirmé que « l'ignorance où le sociologue reste en matière de mobilité, malgré l'accumulation de recherches empiriques » (Boudon, R., 1970, p. 240) n'est pas tant à mettre au compte des *contenus* des théories existantes qu'à celui de la *nature des rapports* entre théorie et recherche empirique : « Une percée peut peut-être être opérée dans ce domaine si l'on prend mieux soin d'établir, préalablement à l'analyse des données empiriques, des schémas théoriques rédigés dans un langage tel qu'une relation entre les seconds et les premiers puisse être établie. » (Boudon, R., 1970, p. 216).

• *Le diagnostic de la « crise » d'une sociologie.* – Plus précisément, ce serait le caractère « factoriel » des théories existantes qui hypothéquerait leur capacité explicative en ne permettant pas d'analyser convenablement les corrélations statistiques établies par les études empiriques. De telles théories se caractérisent en effet par l'énonciation de l' « existence d'une série de facteurs dont on déduit par une dérivation de type syllogistique que chacun d'entre eux influence le phénomène à expliquer ». (Boudon, R., 1973, p. 14). L'exemple le plus célèbre est celui de la théorie de Blau et Duncan qui définit le statut social d'un individu comme la résultante d'un faisceau de variables individuelles antécédentes dont les influences réciproques peuvent être mesurées par la technique de l'analyse de dépendance (Cuin, C.-H., 1993, chap. 3). Or, il est visible que cette théorie laisse inexpliquée la plus grande partie de la variance des différentes variables dépendantes et/ou intermédiaires, et s'avère donc davantage descriptive d'un certain nombre de corrélations qu'explicative du processus véritable de *status-attainment*. La thèse de Boudon est, sur ce point, que le langage factoriel – à cause de la forme syllogistique de sa syntaxe – est incapable de concevoir les différents « facteurs » de la mobilité autrement que comme indépendants les uns des autres (même si, dans la plupart des cas, il est tenu compte de leurs interdépendances – ce qui ne signifie pas qu'on les *combine* véritablement).

Boudon veut pour preuve de cette faiblesse des théories factorielles, leur incapacité à rendre compte des observations paradoxales rapportées par C. A. Anderson qui montre que, dans les sociétés industrielles étudiées par lui, l'existence d'une forte relation entre niveau d'instruction et statut social *n'est pas* corrélative d'une influence sensible du niveau d'instruction d'un individu sur ses chances de mobilité verticale ; ainsi, un individu possédant un niveau d'instruction supérieur à celui de son père a à peu près autant de chances de conserver ou d'améliorer son statut d'origine qu'un individu dont le niveau d'instruction est inférieur ou égal à celui de son père (Anderson, C. A., 1961, p. 164-179). Observation « paradoxale » puisqu'on s'attendrait plutôt à ce que l'influence de l'instruction sur le statut socioprofessionnel absolu d'un individu se traduise par une influence consécutive sur son statut socioprofessionnel relatif et, partant, sur sa mobilité sociale. Or, les données présentées par Anderson montrent bien que ce phénomène ne tient pas seulement à la discordance existant entre, d'une part, l'évolution de la distribution de la population en fonction du niveau scolaire atteint et, d'autre part, celle de la distribution de la population en fonction des strates socioprofessionnelles, mais aussi à « d'autres sources d'inadéquation dont le résultat net est qu'au total le statut social relatif des fils apparaît comme pratiquement indépendant de son niveau d'instruction relatif. » (Boudon, R., 1973, p. 31).

De tels résultats sont-ils vraiment contradictoires ? Ils ne le sont, soutient Boudon, que si l'on raisonne sur les phénomènes de mobilité en utilisant *la syntaxe syllogistique* : « Ainsi, on raisonne selon la syntaxe syllogistique lorsqu'on conclut qu'une faible relation entre statut social relatif (du fils par rapport au père) et niveau d'instruction (absolu ou relatif) indique une faible influence du niveau d'instruction sur le statut social. On raisonne selon le même type de syntaxe lorsque, de la combinaison de deux facteurs d'inégalité (inégalité des chances devant l'enseignement et influence du niveau d'instruction sur le statut social), on conclut à l'immobilité sociale. Les deux arguments introduisent en effet une restriction qu'il importe d'expliciter : ils sont vrais l'un et l'autre à condition seulement de supposer une adéquation parfaite entre structures scolaires et structures sociales. Or, on accordera qu'il y a peu de chances pour que cette adéquation parfaite soit réalisée. Il y a donc peu de chances pour que ces arguments soient applicables à aucune société. » (Boudon, R., 1973, p. 46). De même, on ne doit pas en conclure que l'instruction n'a qu'une faible influence sur le statut social ; plutôt, à l'exemple d'Anderson lui-même, il faut reconnaître que « la relation entre niveau d'instruction et mobilité est un phénomène complexe qui ne peut être analysé que par référence à un système plus large de variables. » (Boudon, R., 1973, p. 28). Et le travail de Boudon va consister à définir les caractéristiques de ce *système* et de son fonctionnement.

• *Du « factorialisme » à l'« approche systémique ».* – En fait, la perspective novatrice dans laquelle s'engage Boudon n'est pas seulement de nature méthodologique. Elle procède essentiellement d'une *conception théorique* absolument distincte de celles de la sociologie anglo-saxonne contemporaine de la mobilité. L'objet construit en l'occurrence diffère radicalement de la « mobilité sociale » étudiée par Lipset et Bendix, ainsi que du phénomène de « *status-attainment* » étudié par Blau et Duncan : il est constitué par le processus de la « distribution des individus dans la structure sociale » tel que Sorokin l'avait défini quelque cinquante années auparavant. C'est en effet chez l'auteur du *Social Mobility* de 1927 que Boudon estime reconnaître la conception théorique la plus adéquate des processus générateurs de la mobilité sociale : il y voit un « prototype » de sa propre théorie. Sorokin est en effet le premier – et le seul – à avoir explicitement décrit la mobilité comme le résultat d'un processus permettant la satisfaction d'une demande sociétale par une offre individuelle de compétences socioprofessionnelles déterminée à la fois par l'origine sociale des individus et par les institutions qui concourent à leur éducation (Cuin, C.-H., 1993, chap. 2, *Les élaborations théoriques*). Il est donc visible que si, à chaque étape de ce processus, l'offre n'est pas congruente avec la demande, le niveau de ces compétences pourra ne pas paraître influencer celui des positions sociales qu'elles seules peuvent cependant permettre d'atteindre. Le schéma sorokinien offre ainsi la possibilité d'une interprétation théorique des résultats empiriques paradoxaux dénoncés par Anderson.

Mais, plus généralement, Boudon trouve chez Sorokin « l'idée fondamentale selon laquelle les processus de mobilité et, de façon générale, *les mécanismes générateurs de l'inégalité des chances ne peuvent être analysés qu'à partir du système composé par les structures sociales d'une part et par l'ensemble des instances d'orientation d'autre part* ». La perspective sorokinienne inviterait ainsi à « substituer aux théories qui tentent de mettre directement en relation, par une suite d'implications, des facteurs aussi complexes que l'évolution des taux de scolarisation et l'évolution des taux de mobilité par exemple, une théorie partant des processus élémentaires de filtrage qu'on peut décrire avec suffisamment de précision » et, donc, à « *abandonner le langage de l'implication ou de la corrélation (...) au profit du langage des processus* ». (Boudon, R., 1973, p. 16-17).

• *La modélisation comme mise en œuvre de l'« approche systémique ».* – Ces processus, si l'on parvient à les formaliser convenablement, peuvent donner lieu à la construction de *modèles*. Boudon y voit l'unique moyen, d'une part, de redonner à l'étude des processus générateurs de l'inégalité des chances et de la mobilité une dimension diachronique et, d'autre part, d'utiliser dans une même analyse variables individuelles *et* variables collectives (ou, encore, structurelles)[1], qu'il importe de prendre en compte *simultanément* afin d'en étudier les interactions. De fait, « penser les phénomènes de mobilité en termes de processus se déroulant dans un système » (constitué de variables individuelles et collectives) rend une telle procédure indispensable parce que la complexité structurelle et dynamique d'un tel système en rend l'analyse impossible par le seul raisonnement verbal déductif[2]. Mais ce n'est pas là la seule utilité d'un modèle. Celui-ci permet, en effet, par la possibilité qu'il offre d'introduire et de faire varier un ensemble plus ou moins volumineux de paramètres, non seulement de tester de façon quasi expérimentale les hypothèses qui ont présidé à sa construction mais aussi, grâce à la simulation, de répondre à des questions relatives aux effets du fonctionnement des processus étudiés sur certains aspects de la réalité sociale.

Le choix de la modélisation dans un tel domaine est donc étroitement dépendant de la perspective « systémique » adoptée par Boudon. Tout modèle ne vaut en effet que ce que vaut son axiomatique– c'est-à-dire ce que valent les hypothèses traduisant la conception théorique d'ensemble du phénomène étudié.

B) Le schéma théorique et ses énoncés

La théorie boudonienne de la distribution sociale peut être résumée comme suit. L'allocation des positions sociales aux individus dépend, d'une part, de la distribution des positions sociales dans la structure sociale et, d'autre part, de la distribution d'un certain nombre de caractéristiques individuelles (essentiellement : origine sociale et niveau d'instruction) dans la population. C'est la non-congruence existant entre ces deux distributions qui essentiellement est génératrice du phénomène de la mobilité sociale.

---

1. Sur cette distinction, voir Paul Lazarsfeld et Herbert Menzel, dans Raymond Boudon et Paul Lazarsfeld, 1966, p. 41-54.
2. Sur la modélisation, voir Raymond Boudon et Jean-Pierre Grémy, *Les modèles en sociologie*.

L'acquisition d'une position sociale par un individu est donc le résultat d'un *processus* dans lequel interviennent plusieurs facteurs dont certains sont de nature structurelle et d'autres, de nature individuelle, et qui comporte plusieurs moments. Ainsi, l'on peut distinguer deux moments essentiels : celui de *l'allocation d'une position dans la structure scolaire* et celui de *l'allocation d'une position dans la structure sociale*. L'un et l'autre sont eux-mêmes le résultat de processus complexes dans lesquels variables structurelles et individuelles sont en étroite interaction.

Mais, dans les sociétés industrielles libérales, il existe une différence fondamentale entre la répartition des positions sociales dans la structure sociale et celle des niveaux d'instruction dans la structure scolaire. La première échappe en effet presque totalement aux actions individuelles car elle est « largement déterminée par des paramètres économiques et technologiques », tandis que la seconde résulte de l'agrégation de conduites individuelles dont on peut considérer qu'elles sont libres de contraintes proprement structurelles.

• *Le processus de l'allocation des positions scolaires.* – Ainsi, l'allocation d'une position à un individu dans la structure scolaire dépend seulement du niveau d'instruction atteint à l'issue de sa scolarité. Celui-ci dépend à son tour en grande partie de son *origine sociale,* c'est-à-dire à la fois de *l'héritage culturel* qui lui est transmis par son milieu d'origine et de *la position sociale* relative dans laquelle il se trouve au point de départ du processus qui le conduira à franchir un nombre plus ou moins important d'échelons dans le cursus scolaire[3]. Toutefois, le premier de ces deux facteurs ne jouerait que sur la *réussite* des individus dans le niveau scolaire qu'ils ont choisi d'atteindre et dans lequel ils se sont engagés, ainsi que sur l'avance, le retard ou l'adéquation de leur âge réel par rapport à l'âge idéal fixé pour un niveau donné de la scolarité ; en outre, ce facteur n'aurait une influence particulièrement sensible qu'au jeune âge. En revanche, il n'expliquerait pas *la disparité des niveaux d'instruction* entre les individus en

---

3. Boudon se réfère explicitement aux travaux de Suzanne Keller et Marisa Zavalloni, *Classe sociale, ambition et réussite*, 1962.

fonction de l'origine sociale – ainsi que l'ont prétendu les sociologies culturalistes et fonctionnalistes.

Seul le concept *de position sociale* permet d'en rendre compte. On peut en effet considérer que chacune des alternatives auxquelles les individus se trouvent confrontés au cours de leur scolarité (et dont les termes sont l'interruption ou la poursuite de celle-ci) constitue pour chaque individu un *espace décisionnel* que structurent certaines variables telles que la réussite scolaire, l'avance ou le retard scolaire, etc., et qui traduit le niveau de *risque* encouru pour chaque choix possible. Mais ce ne sont pas là les seuls déterminants de la décision, car l'intérêt subjectif accordé par un individu à un niveau scolaire donné varie en fonction de la position sociale de cet individu. En effet, plus la distance qui sépare la position sociale d'un individu de celle qu'il escompte obtenir (pour lui ou pour l'un de ses enfants) grâce à l'acquisition d'un niveau d'instruction est grande, plus sa décision d'atteindre ce niveau d'instruction lui fournira un *bénéfice* important mais plus, aussi, elle pourra entraîner un *coût* élevé. Ainsi, la position sociale qu'occupe un individu (ou sa famille) détermine l'estimation qui peut être faite des coûts et des bénéfices attachés à une position anticipée – et, de ce fait, à l'acquisition d'un niveau d'instruction donné. C'est donc en fonction de sa position sociale que chaque individu est conduit à décider entre les termes d'une alternative dont il peut évaluer l'utilité en fonction d'une combinaison du risque, du bénéfice et du coût entraînés par son choix : à chaque point de bifurcation du cursus scolaire correspond ainsi pour chaque individu un *champ décisionnel* qui définit, en fonction de sa position sociale, des courbes d'indifférence dans l'espace décisionnel construit à partir des variables mesurant l'effet de son origine sociale sur sa valeur scolaire à travers l'héritage culturel. En d'autres termes, les conduites scolaires n'obéissent pas seulement aux déterminismes de l'héritage culturel, mais aussi et surtout à – « *un processus de décision rationnel dont les paramètres sont des fonctions de la position sociale* » (Boudon, R., 1973, p. 69) : la valeur scolaire étant donnée, les choix successifs effectués par les individus pendant toute la durée de leur cursus scolaire correspondent, de leur part, à la volonté de maximiser l' « utilité » sociale de leur niveau d'instruction. Cette « utilité » sera maximum lorsque, le risque étant donné, le bénéfice social escompté de l'acquisition d'un niveau d'instruction sera supérieur au coût que celle-ci entraîne. Il est alors visible que l' « utilité » d'un niveau d'instruction situé à l'extrémité supérieure de l'échelle des niveaux scolaires sera d'autant plus grande que la position sociale de l'individu sera élevée. Si l'on admet que les individus cherchent nécessairement et naturellement à maximiser cette « utilité », il s'ensuit que l'inégalité des chances scolaires est très largement déterminée par le fait qu'aux différentes positions sociales d'origine des individus s'attachent des choix rationnels nécessairement inégaux.

Ce résultat sera d'ailleurs d'autant plus accentué que c'est à chacun des points de bifurcation du cursus scolaire que ce phénomène se reproduit, engendrant ainsi un effet multiplicateur de nature exponentielle. Les inégalités devant l'enseignement sont donc essentiellement dues aux effets – exponentiels du conditionnement des attentes par la position sociale et, dans une mesure beaucoup plus limitée, à l'effet des inégalités culturelles.

• *Le processus de l'allocation des positions sociales.* Le second moment du processus général de la distribution sociale est celui de l'allocation aux individus de leur position dans la structure sociale.

À ce stade du processus, les individus peuvent être caractérisés par deux variables dont la dépendance est forte : leur origine sociale et leur niveau d'instruction. Ces deux facteurs vont, à leur tour, intervenir dans ce second processus consistant dans la transformation des caractéristiques sociales et scolaires en caractéristiques socioprofessionnelles. On peut donc considérer que le second moment du processus met en présence deux répartitions distinctes : celle des individus dans la *structure scolaire* en fonction de leur niveau d'instruction et celle des positions sociales dans la *structure sociale*. Cette dernière répartition va donc fixer les limites strictes dans lesquelles le processus de l'allocation statutaire va s'effectuer, en fonction à la fois de l'origine sociale des individus et de leur niveau d'instruction.

Le poids respectif de ces deux facteurs dépend des caractéristiques mêmes du système social considéré. Selon les cas, l'origine sociale seule, le niveau d'instruction seul, ou l'une et l'autre de ces variables vont déterminer l'attribution des positions sociales disponibles. Dans le premier cas, on observera un *effet de dominance,* dans le second un *effet méritocratique,* dans le troisième cas – le plus fréquent une variété de combinaisons de ces deux effets selon leur poids respectif. Si l'effet méritocratique prévaut sur l'effet de dominance, les positions supérieures seront allouées en priorité aux individus qui possèdent à la fois les niveaux d'instruction les plus élevés et dont l'origine sociale est la plus élevée ; dans le cas contraire, l'origine sociale sera le critère majeur – le niveau d'instruction n'intervenant que pour départager l'attribution des positions situées à un niveau inférieur à la position la plus élevée dans la structure sociale. Mais il n'en demeurera pas moins que, le plus souvent, *structure sociale d'origine (i.e.* la répartition des individus en fonction de leur origine sociale) et/ou *structure scolaire (i.e.* la répartition des individus en fonction de leur niveau d'instruction) ne seront pas congruentes avec la répartition des positions dans la *structure sociale (d'arrivée)* : c'est cette non-congruence de ces différentes structures qui va déterminer l'inégalité des chances sociales et, partant, le niveau de la mobilité sociale – dont il apparaît ainsi qu'elle ne tient pas qu'à des facteurs individuels mais, plus largement, à des facteurs structurels qui la déterminent en dernier ressort.

• *Les conséquences théoriques et empiriques de l'analyse.* Les implications logiques de cette théorie ont été soumises par Boudon à des vérifications empiriques systématiques grâce aux données de plusieurs comptabilités scolaires et sociales nationales. De plus, après formalisation, il est possible de procéder à des simulations quasi expérimentales des processus qu'elle décrit, permettant de déduire un certain nombre de conséquences intéressant le savant comme le politique.

Ainsi, la réduction lente mais incontestable de l'inégalité des chances devant l'enseignement, qui caractérise les sociétés industrielles libérales, ne tient pas à une réduction des inégalités socio-économiques : elle résulte beaucoup plus vraisemblablement de l'augmentation générale de la demande d'éducation sous l'effet de facteurs endogènes [« lorsque la demande d'une catégorie sociale augmente, les autres doivent augmenter la leur sous peine de voir leurs propres espérances sociales réduites » (Boudon, R., 1973, p. 215)] et, dans une bien moindre mesure, exogènes (incidence des changements économiques, technologiques, etc.). Pourtant, cette relative démocratisation de l'enseignement n'est pas corrélative d'une diminution proportionnelle de l'inégalité des chances sociales et, de ce fait, ne modifie guère la structure de la mobilité sociale. L'évolution de la structure scolaire est en effet essentiellement commandée par des facteurs endogènes : elle ne suit donc pas celle de la structure sociale, qui se transforme moins vite. Or, comme l'expansion des taux de scolarisation est d'autant plus forte que l'origine sociale est modeste, ce sont les individus issus des classes moyennes – et dans une moindre mesure inférieures – qui connaissent une dégradation progressive des chances sociales attachées à leur niveau scolaire. On assiste ainsi à un « effet complexe de boomerang » : « Chacun a intérêt, étant donné la structure méritocratique de la société, à chercher à atteindre un niveau scolaire aussi élevé que possible ; mais l'augmentation de la demande globale d'éducation a pour effet de réduire, par un processus de réaction en chaîne, les espérances sociales attachées aux niveaux scolaires inférieurs et moyens ; cette conséquence contribue probablement à renforcer la demande d'éducation d'une période à l'autre et, ainsi, à provoquer un nouveau déplacement de la structure des chances sociales attachée aux différents niveaux scolaires, selon un processus indéfini. » (Boudon, R., 1973, p. 177).

C'est donc bien la *non-congruence* existant entre structure scolaire et structure sociale qui rend compte fondamentalement – de l'indépendance des évolutions respectives de l'égalité des chances devant l'enseignement d'une part, de l'égalité des chances sociales d'autre part – même dans le cas de systèmes sociaux fortement « méritocratiques », c'est-à-dire où le niveau d'instruction détermine fortement la position sociale et où, de ce fait, ces deux variables apparaissent en étroite corrélation. Ainsi, dans le type-idéal constitué par les sociétés industrielles, « une structure sociale à la fois fortement inégalitaire du point de vue des chances devant l'enseignement et fortement méritocratique n'est pas exclusive d'une mobilité importante ». Mais, par ailleurs, « l'atténuation de l'inégalité des chances devant l'enseignement et l'augmentation des taux de scolarisation ne sont pas exclusives d'une quasi-stagnation de la mobilité sociale, c'est-à-dire de changements dans la structure de la mobilité à la fois de faible amplitude et de direction variable dans le temps » (Boudon, R., 1973, p. 176) – pour la simple raison que « l'augmentation de la demande d'éducation et l'atténuation de l'inégalité des chances devant l'enseignement ont pour effet, non pas de modifier la structure des chances sociales attachées à chaque catégorie d'origine, mais de déplacer la hiérarchie des niveaux scolaires par rapport aux structures des chances sociales » (Boudon, R., 1973, p. 207).

Les conséquences pratiques d'une telle analyse, amplement vérifiée par les observations empiriques dont elle résulte et qu'elle permet d'interpréter, se laissent donc facilement déduire. Elles se résument en cette proposition que son auteur veut prudente mais cependant ferme : « Il est peu probable que l'atténuation des inégalités scolaires comme celle des inégalités socio-économiques passe par la réforme du système scolaire. » (Boudon, R., 1973, p. 216). Au contraire, parce que la croissance des taux de scolarisation entraîne une diminution des chances sociales associées aux niveaux scolaires moyens, « sous des conditions générales, le développement du système éducatif peut, en tant que tel, engendrer une augmentation des inégalités économiques, même lorsque l'inégalité des chances devant l'enseignement décroît » (Boudon, R., 1973, p. 187) ; en outre, « l'allongement de la scolarité qui résulte de ces mécanismes impose aux individus un *coût croissant* (coût proprement économique, mais aussi coût entraîné par la prolongation d'une situation de marginalité sociale) *pour un bénéfice en termes de mobilité qui demeure à la fois incertain et inchangé* ». (Boudon, R., 1973, p. 209)

« Ce résultat, conclut Boudon, renforce encore la conclusion principale de l'analyse du point de vue pratique, à savoir qu'une politique d'égalité sociale et économique directe peut seule atténuer les inégalités dans leurs différentes formes. » (Boudon, R., 1973, p. 218)

5.2 La nature des deux paradigmes mis en œuvre

Deux objets théoriques partiels peuvent être analytiquement isolés dans l'analyse boudonienne, chacun d'eux correspondant à une problématique particulière. Il s'agit, d'une part, de la *distribution sociale* (*i.e.* de la répartition, à chaque nouvelle génération, des individus originaires de certaines classes ou strates sociales dans une « structure sociale donnée) et d'autre part, de la *distribution scolaire* (*i.e.* de la répartition, à chaque nouvelle génération, des individus originaires de certaines classes ou strates sociales dans une « structure scolaire » particulière)[4]. Le premier de ces objets est construit en fonction d'une problématique de l'inégalité des chances sociales conduisant – à terme – à l'élaboration d'une théorie de la mobilité sociale ; le second l'est en fonction d'une problématique de l'inégalité des chances scolaires, et conduit à l'élaboration d'une théorie de la scolarisation.

De fait, la théorie boudonienne de la *mobilité sociale* permet de comprendre le fameux « paradoxe d'Anderson » – sans dénier pour autant au niveau d'instruction, à l'instar d'auteurs comme Thurow ou Jencks[5], toute influence véritable sur la position sociale. On constatera de même que la théorie de la *distribution scolaire* correspond à une problématique relative à l'interprétation d'un fait empirique non moins « paradoxal » que le précédent : pourquoi, étant donné l'influence que l'on reconnaît à l'origine sociale des individus sur leur niveau d'instruction, assiste-t-on à une réduction de l'inégalité des chances devant l'enseignement tandis que les inégalités socio-économiques demeurent stagnantes ? Ce sont donc bien deux objets distincts, construits en fonction de deux problématiques différentes, qui ont conduit Boudon à élaborer *deux théories* spécifiques et, dans un premier temps tout au moins, autonomes. Et il est possible de montrer que chacune de ces théories s'inscrit dans un paradigme original : dans le premier cas, ce paradigme est identifié par Boudon

---

4. Ces deux analyses font respectivement l'objet de la troisième et de la deuxième Parties de *L'inégalité des chances, op. cit.*
5. Lester C. Thurow, Education and Economic Inequality, *The Public Interest*, été 1972, p. 66-81 ; Christopher Jencks, *op. cit.*

comme le « paradigme systémique », dans le second cas comme celui de l' « individualisme méthodologique ».

A) *Le paradigme « systémique » et la théorie de la distribution et de la mobilité sociales*

Nous désirons montrer d'abord ici que la théorie boudonienne de la distribution et de la mobilité sociales est – formellement – totalement indépendante de toute conception théorique des mécanismes générateurs de l'inégalité des chances devant l'enseignement – bien que la distribution scolaire constitue le premier moment du processus général de la distribution sociale. En second lieu, nous voudrions tenter de caractériser le paradigme effectivement mis en œuvre dans cette théorie en soumettant à un examen critique l'affirmation de Boudon selon laquelle un même paradigme « systémique » fonderait ses propres énoncés théoriques et ceux de Sorokin.

• *L'autonomie formelle du processus de l'allocation statutaire par rapport à celui de l'allocation scolaire.* – Sans doute une des caractéristiques principales de la théorie boudonienne de la distribution sociale est-elle de considérer celle-ci comme un processus dont la distribution scolaire est le premier des deux moments successifs. Pourtant, l'essentiel de cette théorie semble bien résider dans l'analyse proposée par Boudon du *second moment* de ce processus – *i.e.* celui de l'allocation statutaire par conversion du niveau d'instruction en statut social en fonction ou non de l'origine sociale. En montrant que ce second moment peut être comparé à un phénomène *de file d'attente,* Boudon élabore en effet un schéma théorique de l'ensemble du processus établissant parfaitement que la position sociale acquise peut fort bien – sous certaines conditions et alors même que le niveau d'instruction constituerait le *seul* critère de l'allocation statutaire – être totalement indépendante du niveau d'instruction. Du même coup, cette théorie établit que quelles que soient la nature et les conditions de fonctionnement du processus de la distribution *scolaire,* celui-ci peut à la limite n'avoir aucune influence sur celui de la distribution *sociale* et, partant, sur la mobilité sociale !

De fait, même dans la société la plus « méritocratique »[6] qui soit, le niveau d'instruction d'un individu ne peut jamais être considéré *a priori* comme la seule variable déterminant son statut social, dès lors que la structure sociale n'est pas congruente avec la « structure scolaire ». Il convient en effet de considérer la répartition des statuts sociaux dans une société comme une *donnée* correspondant à une *demande sociétale* de compétences qui s'avère rarement capable de satisfaire une *offre individuelle* de qualifications. Il s'ensuit que, aussi forte que soit l'influence du niveau d'instruction sur la position sociale acquise, cette influence ne peut jamais dépasser un niveau maximum qui est celui de la capacité de la demande sociétale à satisfaire l'offre individuelle. Ainsi, même en faisant abstraction de l'existence d'une fécondité différentielle des diverses catégories sociales et en supposant la structure sociale stable d'une génération à l'autre, la position sociale atteinte par un individu peut ne pas correspondre au niveau d'instruction qui est le sien – par le seul fait que chaque offre de compétence ne rencontre pas obligatoirement une demande identique. Dans cette mesure, une plus grande égalité des chances scolaires *(i.e.* une moindre dépendance du niveau d'instruction par rapport à l'origine sociale) peut ne pas se traduire par une plus grande égalité des chances sociales *(i.e.* une moindre dépendance du statut social atteint par rapport à l'origine sociale) et la démocratisation du système scolaire ne pas entraîner une augmentation de la mobilité sociale.

Mais la mise en œuvre du modèle[7] élaboré par Boudon permet en outre de décrire avec précision le phénomène de la conversion du niveau d'instruction en statut social dans différentes hypothèses. Deux cas sont à distinguer : dans le premier, la diminution dans le temps des inégalités scolaires s'accompagne d'une atténuation concomitante du décalage entre la structure des

---

6. Avec Boudon, nous caractérisons comme « méritocratique » un type-idéal de société où le niveau d'instruction et/ou de diplôme d'un individu détermine *seul* sa position sociale.
7. Voir la présentation de ce modèle dans Raymond Boudon, *L'inégalité des chances*, 1973, p. 167-184. Ce modèle est également présenté dans Raymond Boudon et Jean-Pierre Gremy, *op. cit.*, p. 19-36 ; Raymond Boudon, *Effets pervers et ordre social*, 1977, p. 23-38 ; Raymond Boudon, *La logique du social*, 1979, p. 109-119.

compétences offertes et celle des emplois disponibles ; dans le second cas, elle s'accompagne d'une augmentation de ce décalage. Si l'on considère l'effet méritocratique comme maximum et la structure sociale comme ayant une forme pyramidale, il est visible que, dans les deux cas, la diminution des inégalités scolaires se traduira nécessairement par une augmentation du nombre des individus ayant des niveaux scolaires élevés. Cette augmentation peut (c'est la première hypothèse) contribuer à réduire le décalage entre « structure scolaire » et structure sociale – si, par exemple, l'offre de compétences de niveau supérieur était jusqu'alors insuffisante par rapport au nombre de positions vacantes dans les classes supérieures. Dans ce cas, il est visible que davantage d'individus issus des classes modestes pourront, grâce aux niveaux d'instruction plus élevés que la diminution des inégalités scolaires leur aura permis d'atteindre, accéder aux positions supérieures de la structure sociale : l'héritage social sera alors moindre et, corrélativement, la mobilité sociale sera plus forte. Mais, dans le même temps, les positions sociales supérieures que la carence d'offre en niveaux d'instruction supérieurs permettait à des individus moins diplômés d'atteindre seront ainsi moins ouvertes aux individus issus des classes sociales plus modestes et généralement moins diplômés ; la diminution des inégalités scolaires aura alors pour effet d'augmenter l'hérédité sociale, et, partant, de diminuer le niveau de la mobilité sociale. Ainsi, la diminution des inégalités scolaires entraînera, dans ce cas, « deux effets de signe contraire » : « L'un de ces effets tend à réduire l'héritage social, l'autre à l'augmenter. La question est donc de savoir lequel de ces deux effets est le plus prononcé. Selon le cas, la réduction des inégalités scolaires pourra donc s'accompagner, si on suppose tous les autres facteurs constants, soit d'une augmentation, soit d'une diminution, soit d'une constance de l'héritage social. » Dans la seconde hypothèse – celle d'une augmentation du décalage entre structure sociale et structure scolaire –, on pourrait vérifier que ces deux effets se manifestent de la même façon[8].

---

8. Raymond Boudon, Éducation et égalité, *Orientations*, 54, 1975, p. 135-149 (le passage cité figure à la p. 142).

Boudon parvient donc parfaitement à rendre compte du fait que la relation entre le niveau de la mobilité sociale et le degré de démocratisation du système scolaire est *contingente* et, partant, que la diminution de l'inégalité des chances devant l'enseignement n'entraîne pas *ipso facto* celle de l'inégalité des chances sociales. Ainsi, l'on peut constater que *le contenu de la théorie boudonienne de la distribution sociale est bien formellement indépendant d'une conception particulière des mécanismes de la distribution scolaire,* et que les lois générales que l'on peut déduire de cette théorie dépendent seulement du poids de l'origine sociale sur le niveau d'instruction. On pourra d'ailleurs constater que les tout premiers travaux de Boudon relatifs à l'élaboration d'une « théorie formelle » de la distribution et de la mobilité sociales ne font aucunement appel à une théorie particulière de la distribution scolaire[9]. Leur auteur y mentionne seulement la possibilité que la structure des positions scolaires puisse être affectée par les « décisions » que prennent les acteurs en matière scolaire, mais préfère poser pour sa démonstration le postulat selon lequel cette structure est « donnée » et, partant, qu'elle est indépendante des décisions individuelles !

• *Les limites de la référence au paradigme sorokinien.* – Boudon a reconnu, dès ses premières publications, l'inspiration sorokinienne de sa propre conception de la distribution et de la mobilité sociales. Pourtant, des différences non négligeables existent entre ces deux théories[10]. De fait, chez Sorokin, les « agences d'évaluation, de sélection et de distribution » qui constituent les éléments de ce système sont douées d'une certaine capacité de contrôle du phénomène de la distribution sociale, selon des critères définis par le système social et correspondant aux besoins qualitatifs et quantitatifs de reproduction de la structure sociale : pourvoyeuses de cette structure sociale en énergies fonctionnellement nécessaires, ces institutions constituent – « en temps

---

9. Raymond Boudon, *Essai sur la mobilité sociale en Utopie*, 1970, et : Éléments pour une théorie formelle de la mobilité sociale, *Quality and Quantity*, 1971, p. 39-85.
10. Pour une analyse comparative détaillée des théories respectives de Sorokin et de Boudon, nous nous permettons de renvoyer à Charles-Henry Cuin, Analyse systémique et sociologie de la mobilité sociale, *Année sociologique*, 1983, p. 249-269.

normal » autant de mécanismes de régulation et de contrôle dont le jeu est assez étroitement dépendant des caractéristiques de la « demande » qu'elles contribuent à satisfaire. Les caractéristiques de la structure sociale sont donc conçues comme des *données* totalement indépendantes du système qui permet leur reproduction, mais dont elles déterminent largement le fonctionnement. En d'autres termes, elles constituent avec les caractéristiques de l' « offre individuelle » – les *inputs* du système de la distribution sociale : ces deux séries d'informations sont traitées par les diverses institutions qui composent le système, et celui-ci les « traduit » en *outputs* constitués par la reproduction de la structure sociale, d'une part, et, d'autre part, par la circulation sociale *(i.e.* la mobilité) lorsqu'une inadéquation existe entre les caractéristiques de l' « offre » et celles de la « demande ». Ainsi, un phénomène remarquable de rétroaction (ou *feedback)* apparaît : c'est celui de la structure sociale (dont la reproduction est la finalité même du système) sur la nature et le fonctionnement des institutions qui constituent les éléments du système. En effet, le propre du système sorokinien de la distribution sociale est que la nécessité de la reproduction sociale selon les caractéristiques de la « demande » structurelle *détermine* et *spécifie* non seulement le processus de la distribution sociale, mais également la nature, le nombre et l'activité des institutions qui interviennent dans ce processus et le dirigent. La notion de *sélection sociale,* centrale dans la conception sorokinienne, rend en effet bien compte de l'orientation normative du fonctionnement de ces institutions. Ce phénomène de véritable rétroaction assure la régulation et le contrôle du processus de la distribution sociale, et permet donc d'identifier ce dernier comme résultant du fonctionnement d'un *véritable système* – au sens biologique ou cybernétique du terme – assurant *l'homéostasie* du flux de la circulation sociale.

Dans le schéma boudonien de la distribution sociale, la structure sociale est bien considérée, elle aussi, comme une *donnée*. Ce caractère exogène de la définition de la « demande » sociétale est commun aux schémas de Sorokin, de Lipset et Zetterberg, et de Boudon. La différence entre les deux premiers schémas et celui de *L'inégalité des chances* est cependant fondamentale. Dans la conception sorokinienne, cette « demande » a pour effet de déterminer la distribution sociale grâce aux mécanismes de définition, de spécification et de contrôle qui président au fonctionnement finalisé des « agences d'évaluation, de sélection et de distribution sociale ». Dans la théorie de Lipset et Zetterberg, ce ne sont plus des structures institutionnelles qui définissent les modalités et le processus de la distribution sociale, mais des facteurs d'ordre culturel qui concourent à produire chez les individus les motivations propres à assurer la circulation verticale et, ainsi, à adapter une « offre » individuelle de nature toujours fluctuante à une « demande » sociétale elle-même changeante.

Chez Boudon, en revanche, il est remarquable que la nature de la « demande » ne soit absolument pas considérée comme déterminant en quoi que ce soit le processus de la distribution sociale. À la différence des deux théories précédentes, aucune institution ni sociale ni culturelle n'a pour fonction de satisfaire une telle « demande » : celle-ci peut seulement être considérée comme une réalité qui contraint le processus de la distribution sociale, comme une nécessité qui ne se double d'aucun organe fonctionnel ayant pour vocation ou pour but d'y répondre, ou bien encore – de manière plus imagée – comme un mur bornant les trajectoires individuelles qui viennent s'y aligner. Entre les deux séries distributives que sont la « structure scolaire », d'une part, et, d'autre part, la structure sociale, se livre une partie de billard que seules organisent les règles de la « méritocratie » ou de la « dominance ». Ces règles sont elles-mêmes de nature endogène et ne procèdent ni de la nature de la « demande » ni de celle de l' « offre » (socialement ou scolairement définies). Le paradigme « systémique » qui tout entier dirige la théorie sorokinienne de la distribution sociale n'est donc pas celui auquel on doit référer la théorie boudonienne de ce processus. Il s'agirait plutôt dans ce cas – si l'on veut bien nous permettre cette expression d'un « systémisme non fonctionnaliste » *(i.e.* strictement méthodologique).

Cette différence entre le paradigme authentiquement « systémique » qui dirige la théorie sorokinienne de la distribution sociale et le paradigme « quasi systémique » que nous venons de décrire ne manque ailleurs pas de se traduire dans *la théorie de la mobilité sociale proprement dite* que chacun d'eux a engendrée. Chez Sorokin, en effet, la distribution sociale résulte en principe tout entière de la distribution *scolaire* telle que l'a effectuée l'« agence » scolaire (tout au moins dans les sociétés ou cette « agence » est prédominante) puisque les critères mêmes de cette distribution sont définis par les « besoins » de la reproduction de la structure sociale ; du même coup, la mobilité sociale est constituée par la circulation sociale entraînée par la non-adéquation existant éventuellement entre la « demande » sociétale en compétences particulières et l'« offre » individuelle de ces mêmes compétences non pas telle qu'elle est formée à l'issue de la scolarité mais telle qu'elle se présente *en amont* de ce processus (puisque l'école ne fait qu'évaluer et sélectionner des compétences quasi congénitales). Chez Boudon, au contraire, la distribution scolaire n'étant pas conçue comme traduisant les « besoins » de reproduction de la structure sociale et, de ce fait, la « structure scolaire » pouvant n'être pas congruente avec la structure sociale, la mobilité sociale éventuellement observable peut fort bien ne résulter exclusivement ni de la non-congruence entre « structure scolaire » et structure sociale ni de l'inégalité des chances scolaires, mais de la relation complexe entre les différentes formes de ces deux phénomènes – ce qui rend d'ailleurs impossible (au contraire du cas précédent) l'expression d'une théorie *déductive* de la mobilité sociale.

B) *Le paradigme de l'« individualisme méthodologique » et la théorie de la distribution scolaire*

C'est un paradigme totalement distinct du précédent qui sous-tend la théorie boudonienne de la distribution scolaire. Généralement qualifié d'« individualisme méthodologique », il s'inscrit explicitement en opposition tranchée avec la perspective « déterministe » sous l'un ou l'autre de ses différents visages : l'hyperfonctionnalisme, l'hyperculturalisme ou le réalisme totalitaire[11]. Il postule en effet que les actions individuelles (et, plus

---

11. Voir François Bourricaud, Contre le sociologisme : une critique et des propositions, art. cité, et Raymond Boudon, *Effets pervers et ordre social, op. cit.* (chap. VII : « Déterminismes sociaux et liberté individuelle », p. 187-252).

généralement, l'action sociale et les faits sociaux) ne consistent pas en des *comportements* exclusivement interprétables à partir d'éléments qui leur sont antérieurs, et ne sont donc déterminés ni par les rôles que l'organisation sociale définit à chaque acteur en fonction de la place qu'il occupe dans celle-ci, ni par les valeurs culturelles intériorisées lors du processus de socialisation et toujours en fonction de cette place, ni encore par des « structures sociales » dont les individus ne seraient que les « supports » actualisant la transcendance. Pour Boudon, de telles interprétations ne peuvent jamais proposer que des descriptions « réalistes » de la réalité sociale qu'elles sont incapables d'expliquer vraiment sans faire appel à un sociologisme tautologique. Si, au contraire, les actions individuelles ne sont plus interprétées comme des comportements déterminés mais comme des *actes* libres prenant place dans une situation donnée, comme productives de leur propre sens du fait de l'intentionnalité que les individus y attachent, alors *les faits sociaux* ne doivent plus *être* considérés comme le résultat de déterminations structurelles agissant sur des individus dépourvus d'autonomie et dont les choix déclarés ne seraient qu'illusions, mais plutôt comme le résultat complexe de la seule agrégation de conduites individuelles.

Ainsi, dans *L'inégalité des chances,* Boudon démontre qu'il est inutile, pour expliquer l'inégalité des chances devant l'enseignement, de « recourir à des hypothèses tautologiques relevant de l'explication par les causes finales (systèmes de valeurs différents selon les classes sociales, tendance des structures sociales à la reproduction, etc.) » (Boudon, R., 1973, p. 218) et que la seule « logique de l'agrégation des volontés individuelles » (Boudon, R., 1973, p. 216) y suffit. Dans *Effets pervers et ordre social,* il effectue un recensement des cas où « la simple juxtaposition d'actions individuelles a entraîné des effets collectifs et individuels non nécessairement indésirables mais non inclus dans les objectifs explicites des acteurs » (Boudon, R., 1977, p. 8) et – par là – *pervers,* et il montre que ces effets « sont omniprésents dans la vie sociale et qu'ils représentent une des causes fondamentales des déséquilibres sociaux et du changement social » (Boudon, R., 1977, p. 5) ; dans le dernier chapitre de l'ouvrage, il étendra la critique développée dans le cas particulier de l'inégalité des chances à l'ensemble des phénomènes sociaux et formalisera, à travers une typologie des paradigmes sociologiques, l'opposition tranchée qu'il convient d'établir selon lui entre paradigmes déterministes et interactionnistes : « (...) Il est impossible de faire reposer l'analyse sociologique sur un modèle faisant d'une manière ou d'une autre des comportements individuels le *produit* des structures sociales. En cherchant à éliminer la *liberté* du sujet, le sociologue s'expose à tomber dans le piège des paradigmes réductionnistes. » (Boudon, R., 1977, p. 245). Enfin, dans *La logique du social* (qui peut être considéré comme l'exposé le plus systématique de l'« individualisme méthodologique » boudonien et qui, se voulant être une « introduction à l'analyse sociologique », constitue le *discours de la méthode* de sa sociologie), Boudon étend à l'ensemble des faits sociaux la définition selon laquelle ils sont « le résultat non intentionnel d'actions intentionnelles » (Boudon, R., 1979, p. 10) : « En d'autres termes, les *phénomènes* auxquels le sociologue s'intéresse sont conçus comme explicables par *la structure du système d'interaction* à l'intérieur duquel ces phénomènes émergent. » (Boudon, R., 1979, p. 33).

La mise en œuvre de ce paradigme a permis à Boudon d'élaborer une théorie de la distribution scolaire qui l'a conduit à réfuter l'interprétation de l'inégalité des chances scolaires défendue par la sociologie française de l'éducation (et, en particulier, par Bourdieu et Passeron). Si une utilisation parfois non exclusivement « méthodologique » mais bien « théorique » – voire sociophilosophique – de cet « individualisme » a pu conduire Boudon à engager des polémiques un peu vaines, l'utilisation de ce paradigme s'est cependant révélée d'une efficacité théorique telle qu'elle a permis à cet auteur, d'une part, de proposer une explication cohérente du processus de formation de la « demande scolaire » (et, donc, de l'évolution dans le temps de la « *structure* scolaire ») et, d'autre part, d'élaborer une théorie séduisante *de l'ensemble* du processus de la distribution sociale offrant une interprétation possible de *l'évolution* de la structure de la mobilité comme « effet pervers » de l'« agrégation » de conduites individuelles.

• *Un combat sociophilosophique douteux*. – Le poids de l' « héritage culturel » dans la formation de l'inégalité des chances scolaires et, donc, dans le processus de la distribution scolaire est l'un des points du désaccord profond qui oppose Boudon aux positions théoriques tenues dans ce domaine par Bourdieu et Passeron. L'une des thèses centrales du premier est en effet que ledit « héritage culturel » n'exercerait qu'une influence réduite sur la distribution scolaire, et que celle-ci résulterait essentiellement du fait que « la survie d'un individu dans le système scolaire *lui-même* ou dans une filière particulière *du* système scolaire, *dépend d'un processus de décision dont les paramètres sont des fonctions de la position sociale ou position de classe.* » (Boudon, R., 1973, p. 73)

C'est, en effet, au nom d'une autonomie de décision des acteurs que Boudon fait le procès, d'une part, des théories selon lesquelles l'inégalité et l'hétérogénéité culturelles seraient responsables de la disparité des niveaux scolaires en fonction de l'origine sociale (« il est impossible d'admettre que les structures sociales aient, en tant que telles, un effet de régulation sur les comportements des individus »), d'autre part, de la théorie selon laquelle la perception que les individus ont des régularités statistiques relatives à la distribution sociale des chances scolaires les déterminerait à reproduire cette distribution (« il est également impossible de rendre compte de l'inégalité des chances devant l'enseignement par l'hypothèse d'une soumission des individus à des régularités perceptibles au niveau de la société dans son ensemble »). (Boudon, R., 1973, p. 128). Dans les deux cas, c'est essentiellement contre la conception des conduites individuelles comme *déterminées* par des structures sociales définissant *les finalités* des acteurs que Boudon s'insurge. On doit plutôt, selon lui, considérer que l' « héritage culturel » n'exerce d'influence que sur le niveau de réussite scolaire des individus dans une étape donnée du cursus, et que les probabilités individuelles de survie dans ce cursus résulteraient essentiellement des *décisions* prises par les acteurs à l'issue d'un calcul rationnel dans lequel la réussite scolaire (et, donc, l' « héritage culturel ») n'interviendrait qu'en fonction de la « position sociale ». Ainsi, ce ne seraient – en dernière analyse – ni les valeurs propres aux sous-cultures de classes ni les différences de « capital culturel » ou autres *habitus* sociaux qui détermineraient les carrières scolaires des individus, mais seulement les résultats du calcul dans lequel ces derniers font intervenir coûts et bénéfices anticipés des alternatives se présentant à eux.

Mais, si différentes dans leurs inspirations et dans leurs énoncés respectifs que soient ces deux théories, sont-elles si incompatibles entre elles que l'on doive nécessairement les opposer l'une à l'autre ? La théorie boudonienne ne peut-elle pas être considérée, d'une certaine manière, comme une tentative de formalisation des *processus médiateurs* qui relient, chez les acteurs, leurs perceptions subjectives de la réalité à leurs décisions et conduites concrètes ? Aussi ne peut-on pas, avec Philippe Beneton, admettre que « l'hypothèse Bourdieu apparaît compatible avec l'interprétation Boudon si du moins l'on parle en termes d'influence et non de déterminisme rigide : à chaque point de bifurcation du cursus, explique Boudon, l'adolescent ou sa famille apprécie le risque de chaque option ; cette appréciation est sans doute dépendante de la réussite scolaire de l'élève, de son âge relatif mais ne l'est-elle pas également de la conscience imprécise que parents et élèves ont des chances de réussite, donc des chances objectives perçues indirectement – plus ou moins déformées – par le biais du groupe de référence[12] ? »

En outre, le défaut de téléologie dont Boudon accuse Bourdieu est-il vraiment établi ? Une certaine lecture de *La reproduction* ne permettrait-elle pas de considérer que son auteur se contente simplement, en fait, d'expliquer que la perception que les individus ont de la réalité les engage – pour parler un langage « boudonien » – à ne pas anticiper des coûts trop lourds pour des bénéfices peu probables ? Les acteurs ne poursuivent donc là aucune fin qui ne leur soit propre et serait celle des seuls systèmes et structures sociaux. Dans cette mesure, il semble légitime de considérer, ainsi que le note Philippe Perrenoud, que « chaque fois que le phénomène macro-social résultant de la composition

---

12. Philippe Beneton, Discours sur la genèse des inégalités dans les sociétés occidentales contemporaines, *Revue française de science politique*, XXV, *1*, 1975, p. 106-122 (le passage cité figure p. 109-110).

des actions a une certaine durée, et peut être perçu immédiatement par ceux qui contribuent à le produire, ces derniers pourront y ajuster leur action. Ce qui peut conduire soit à une régulation soit à une amplification »[13]. Dans cette perspective, Bourdieu semble donc justifié à décrire les structures sociales comme manifestant *une tendance* à la reproduction, dans la mesure où les « probabilités objectives » perçues par les acteurs les invitent à adapter leurs projets en fonction de leur position sociale.

Enfin, parce qu'il affirme que la seule *situation* dans laquelle les individus se trouvent engagés ne détermine pas leurs conduites, mais que celles-ci résultent de la décision d'acteurs placés dans un champ décisionnel structuré par les éléments de la situation, Boudon estime pouvoir établir la non-détermination structurelle des conduites et, par là, la *liberté* de l'acteur. Mais en reconnaissant lui-même que « les individus se comportent de manière à choisir la combinaison coût-risque-bénéfice la plus « utile » (Boudon, R., 1973, p. 74), Boudon fait-il plus appel à la « liberté » de l'acteur que ne le fait Bourdieu lorsque celui-ci affirme que les individus règlent leurs conduites sur leur perception des « probabilités objectives » que leurs projets ont d'aboutir dans la situation qui est la leur – *i.e.* compte tenu de leurs origines sociales ? L'introduction du concept philosophique de « liberté » contribue-t-elle vraiment à l'enrichissement du débat sociologique – ou bien la démonstration scientifique n'est-elle là que pour justifier une position sociophilosophique ?

• *Une incontestable efficacité théorique.* – Cependant, si le débat engagé par Boudon sur la nature des conduites individuelles et le niveau de « liberté » dont disposent les acteurs tourne rapidement à la spéculation philosophique et n'est donc pas susceptible d'être tranché, l'inscription même de la démarche boudonienne dans le paradigme de l' « individualisme méthodologique » a incontestablement engendré des effets théoriques considérables. Car si le contenu par nature « métasociologique » d'un tel paradigme est éminemment et indéfiniment discutable, il n'en est pas moins

---

13. Philippe Perrenoud, Les limites de l'individualisme méthodologique, *Revue française de sociologie*, XIX, 3, 1978, p. 442-454 (le passage cité figure p. 448).

vrai que ce paradigme a conduit Boudon – en lui faisant reconsidérer l'analyse de la distribution scolaire – à élaborer une théorie dont la qualité essentielle est qu'elle permet de rendre compte d'un certain nombre de faits empiriques jusque-là non expliqués.

C'est bien, en effet, grâce à sa « théorie décisionnelle » de la distribution sociale que Boudon a pu montrer que, face au phénomène de « dévaluation » de la convertibilité du niveau d'instruction en position socioprofessionnelle, les individus ont été conduits à chercher à augmenter leur niveau d'instruction. Signalons au passage que la théorie boudonienne de la distribution scolaire apparaît bien ici comme étroitement solidaire de la théorie de la distribution sociale – dans la mesure où les conduites individuelles en matière scolaire sont conçues comme étant en partie définies par la perception que les acteurs ont de l'évolution des rapports entre niveau d'instruction et position socioprofessionnelle. L'augmentation de la « demande d'éducation » ne doit donc pas être seulement analysée comme une réponse mécanique à l'augmentation de l' « offre d'éducation » permise par la démocratisation du système scolaire, mais aussi et surtout (passée la phase d' « ouverture » du système scolaire entraînée par les réformes institutionnelles des années 50) comme un « effet émergent » (*i.e.* comme le résultat de l'agrégation de conduites individuelles). En outre, celui-ci se double selon la terminologie boudonienne d'un « effet pervers » dans la mesure où, parce que l'augmentation de la demande d'éducation ainsi constituée contribue à alimenter le processus de dépréciation de l'efficacité sociale des diplômes, « l'effet principal (de cette augmentation) paraît être d'exiger de l'individu une scolarité de longueur sans cesse croissante en contrepartie d'espérances sociales qui, elles, restent inchangées ». (Boudon, R., 1977, p. 38)

Mais ce n'est pas là le seul effet positif de l' « individualisme méthodologique » sur la portée explicative de cette théorie. Ainsi, la distinction effectuée par Boudon entre le niveau de réussite scolaire des individus (largement déterminé par leur « héritage culturel ») *et* les décisions qu'ils prennent permet de rendre compte de faits empiriques mis au jour par les travaux pionniers de Girard *et al.* dans ce domaine – à savoir que le niveau de réussite est d'autant moins explicatif des probabilités individuelles de survie scolaire que l'on a affaire à une étape plus avancée du cursus, ou encore que le choix scolaire dépend d'autant plus fortement de l'origine sociale que la réussite scolaire est faible[14]. Or, la théorie boudonienne rend de tels faits parfaitement interprétables en montrant, dans le premier cas, que le caractère « stratifié » du système scolaire *(i.e.* le fait qu'il soit constitué d'une série de « points de bifurcation » successifs réclamant chacun une « décision » nouvelle des acteurs) rend exponentiel l'effet de la position sociale sur le niveau scolaire, tandis que l'effet du niveau de réussite tend à se réduire ; dans le second cas, cette théorie permet de montrer que le *risque* encouru par les individus de décider de la poursuite d'une scolarité longue malgré un faible niveau de réussite scolaire est d'autant plus surestimé par les acteurs que leur position sociale inférieure les engage à sous-estimer les avantages futurs d'un investissement scolaire (faible risque de régression ou « d'émotion » sociale).

• *La généralisation du paradigme à la théorisation de l'ensemble du processus de la distribution sociale et à l'interprétation de l'évolution de la mobilité sociale.* – Enfin, on observera qu'en rapprochant le schéma théorique concernant les modalités de la distribution scolaire et celui qu'il avait *préalablement* élaboré à propos des modalités de la distribution sociale, Boudon va montrer que, dans certains cas, l'évolution de la mobilité sociale peut être analysée comme un « effet émergent ». De fait, si l'on considère la « structure scolaire » comme le résultat de l'agrégation de conduites individuelles ayant pour objectif sinon la mobilité ascendante du moins le maintien du statut social des intéressés, on ne peut plus considérer cette « structure scolaire » comme une *donnée* extérieure au processus général de la distribution sociale, mais bien comme un *résultat* de la mise en œuvre de ce processus. Pour autant, le processus de l'allocation statutaire en fonction du niveau d'instruction demeure évidemment inchangé de même que le « produit » de ce processus qu'est la structure des positions sociales d' « arrivée », dont il est posé qu'elle est indépendante du

---

14. Voir INED, *« Population » et l'enseignement,* 1970, Pour une analyse formelle de ce phénomène, voir Raymond Boudon, *La logique du social,* 1979, p. 206-221.

processus lui-même. Ce qui, selon cette perspective, va pouvoir être différemment *interprété*, ce sont les caractéristiques de *l'évolution de la structure des flux de mobilité sociale*.

Que se passe-t-il en effet ? D'abord, en fonction de leur origine sociale et de la perception qu'ils ont de la « valeur d'échange » des diplômes, les acteurs vont *contribuer* – par leurs conduites scolaires – à la « constitution » d'une « structure scolaire ». Du même coup, ces conduites vont influencer (on est toujours, bien sûr, dans l'hypothèse d'un système scolaire « libéral » – *i.e.* dans lequel les individus sont « libres » d'accéder au niveau d'instruction et/ou de diplômes qu'ils désirent) le degré d'adéquation entre la « structure scolaire » et la « structure sociale » - c'est-à-dire de *congruence* ou de *non-congruence* entre ces deux « structures ». Ainsi, si la « file d'attente » qui se forme au sortir de la scolarité se trouve gonflée par l'augmentation générale du niveau moyen d'instruction due à l'accroissement de la demande scolaire et si le processus d'allocation des positions sociales est largement « méritocratique », Boudon montre qu'il est tout à fait possible que l'on puisse observer (comme cela semble être le cas dans les sociétés industrielles occidentales) une *stabilité* des taux de mobilité sociale – *i.e.* le maintien d'une forte hérédité sociale.

Boudon est donc fondé à voir dans un tel phénomène la conséquence de l'agrégation de conduites individuelles. « On peut montrer, écrit-il, que cette stabilité de la mobilité a le statut d'un effet émergent : il résulte de l'agrégation de comportements et décisions individuels mais n'est pas inscrit dans les finalités que se donnent les agents sociaux. » (Boudon, R., 1979, p. 111). Ainsi, *la file d'attente à* laquelle peut être comparé le processus de la distribution méritocratique des individus dans la hiérarchie sociale conduit les bénéficiaires mêmes de la démocratisation de l'enseignement à voir se déprécier l'efficacité sociale des diplômes qui seuls, cependant, peuvent leur permettre de s'émanciper de leurs origines sociales par la mobilité ascendante : « En même temps que les disparités relatives aux chances scolaires s'atténuent, il se produit un gonflement de la file d'attente qui provoque à son tour un effet complexe de dévaluation des tickets de priorité. » (Boudon, R., 1979, p. 117). Il s'agit donc bien là d'un *effet émergent* particulièrement intéressant dans la mesure où « la stabilité des structures « résulte » de l'instabilité des comportements individuels » (Boudon, R., 1979, p. 100) ; en outre, cet effet se double d'un *effet pervers,* dans la mesure où l'agrégation des conduites effectuées par les acteurs dans le but d'accroître leurs chances de mobilité ascendante par l'éducation peut avoir pour conséquence une stagnation, voire une accentuation, de l'inégalité des chances et, donc, de l'hérédité sociale.

Il serait toutefois erroné, répétons-le, d'attribuer au paradigme de l'« individualisme méthodologique » la *paternité* de la théorie boudonienne de la distribution et de la mobilité sociales qui, seules, nous intéressent ici. D'abord parce que, nous l'avons déjà vu, cette théorie a pu être primitivement élaborée sans référence aucune à ce paradigme ; ensuite, parce que l'analyse de la stabilité de la mobilité sociale comme « effet émergent » n'a nullement trait à la nature propre du processus de la distribution et de la mobilité sociales, mais seulement à *certains aspects de l'évolution de la mobilité sociale dans certaines circonstances particulières.* De fait, cette analyse n'est pas sous-tendue par une problématique de la nature de ces processus mais seulement par celle de l'élucidation des raisons pour lesquelles l'inégalité des chances sociales restait constante, alors même qu'en matière scolaire les individus orientaient leurs conduites dans le sens apparemment le plus efficace pour eux, puisqu'il était indéniable que l'acquisition d'un niveau scolaire plus élevé était au moins une *condition nécessaire* à la promotion sociale dans la société « méritocratique ». Or, s'il est bien montré que, bien que nécessaire (et de plus en plus !), cette condition est de moins en moins suffisante, c'est justement parce que la distribution et la mobilité sociales peuvent même en « méritocratie » devenir de plus en plus indépendantes de la distribution scolaire (et, donc, des facteurs dont elle dépend). Aussi est-ce bien le paradigme « quasi systémique » (*i.e.* non fonctionnaliste et largement « structural ») qui, en dernière comme en première analyse, commande la théorie boudonienne de la distribution et de la mobilité sociales.

5.3 Dans les arcanes d'une innovation scientifique

Enfin, on voudrait tenter non seulement de reconstruire la démarche ayant permis à Boudon d'atteindre des résultats théoriques qui se signalent à la fois par leur caractère novateur et par leur efficacité explicative, mais aussi plus profondément de rendre compte des raisons d'une entreprise qui est elle-même novatrice dans le champ sociologique français.

Or, c'est sans doute en identifiant les « ruptures » que la démarche boudonienne réalise avec les paradigmes ayant jusque-là dirigé les travaux dans ce domaine (qu'ils aient trait de façon directe ou indirecte aux phénomènes de la distribution et de la mobilité sociales), que l'on aura quelque chance, dans un second temps, d'identifier la nature profonde de l'ambition qui a pu conduire Boudon à consacrer une part aussi importante de ses travaux à l'interprétation théorique de tels phénomènes. En essayant ainsi de pénétrer dans les « arcanes » d'une innovation scientifique, on pourra tenter d'évaluer l'influence respective des conditions « internes » et « externes », non seulement de mise en œuvre, mais aussi d'émergence d'une problématique sociologique dans le cas très particulier qui nous occupe ici.

A) « Anomalies » aux ruptures épistémologiques

La notion kuhnienne d'« anomalie »[15] semble être toute choisie pour rendre compte de la mise en œuvre de la démarche boudonienne. N'est-ce pas en effet l'incapacité des paradigmes existants à engendrer des théories permettant d'expliquer certains faits empiriques qui a conduit Boudon à mettre ces paradigmes en question et à leur en substituer un autre ?

En l'occurrence, l'« anomalie » principale a résidé, rappelons-le, dans le fait que, contrairement aux théories généralement acceptées, la démocratisation de l'enseignement n'entraînait pas une atténuation de l'hérédité sociale et, par effet, une augmentation de la mobilité sociale – bien que par ailleurs (c'est le fameux

---

15. Thomas S. Kuhn, *La structure des révolutions scientifiques*, 1970. Voir également notre Introduction, 1993.

« paradoxe d'Anderson ») le niveau d'instruction exerce une influence réelle sur le statut social.

C'est en effet la découverte de l'importance de cette influence qui avait permis à la sociologie anglo-saxonne de la fin des années 1960 d'accréditer une théorie générale la conduisant à conclure à l'existence d'une influence identique de l'accroissement du niveau d'instruction d'un individu sur ses chances de mobilité ascendante *i.e.* de l'inégalité des chances devant l'enseignement sur celle des chances sociales. Ainsi, pour les tenants américains des thèses de la « société ouverte », l'*acquis* devait nécessairement, sous l'effet du progrès irrésistible des valeurs « universalistes », l'emporter sur *le prescrit* en supprimant peu à peu le poids de l'héritage social sur les carrières individuelles et, du même coup, les obstacles à la mobilité. C'est pour cette raison que des auteurs comme Blau et Duncan proposaient de négliger l'étude de la mobilité sociale proprement dite, pour ne plus s'intéresser qu'à la nature et à l'intensité des relations existant entre certaines variables relatives à l'origine sociale des individus et à leur position statutaire à un moment donné de leur biographie. Comment ces derniers auteurs auraient-ils donc pu ne pas se réjouir de constater, à l'exemple de la plupart de leurs collègues dans la sphère d'influence de la sociologie américaine[16], que les origines sociales des individus sont liées à leur niveau d'instruction et à la position socioprofessionnelle qu'ils occupent, avec une intensité considérablement moins importante que celle de la liaison existant entre des deux dernières variables ? Et comment auraient-ils pu ne pas en déduire qu'avec l'extension de l' « Universalisme », il fallait s'attendre à ce que s'accroissent encore des taux de mobilité déjà importants – *i.e.* que se réduise encore l'inégalité des chances sociales ? Les faits, pourtant, donnaient tort à cette dernière proposition puisque l'accroissement général du niveau d'instruction ne s'avérait pas être générateur d'une plus grande mobilité. N'était-ce donc pas là une « anomalie » qui condamnait le paradigme américain ?

---

16. Voir, en particulier, les travaux de Gosta Carlsson, de David Glass ou encore de Kaare Svalastoga.

Mais il faut aussi constater que *le même fait* constituait également une « anomalie » au regard de certaines thèses développées par la sociologie française au tournant des années 1970. De fait, pour Bourdieu et Passeron, comme pour Baudelot et Establet, le niveau d'instruction atteint par un individu est censé, pour des raisons distinctes mais produisant des effets identiques dans les deux cas, déterminer étroitement la position socioprofessionnelle de celui-ci. Or, si l'interprétation que ces auteurs donnent de l'importance de la *relation* existant entre ces deux variables diffère radicalement de celle proposée par Blau et Duncan, la réfutation empirique d'une telle proposition constitue aussi, par rapport à leur propre paradigme, une « anomalie » considérable : si l'École ne « classe » pas (ou plus), alors tombent du même coup les théories « reproductivistes » de *l'École conservatrice* et de *l'École capitaliste*! Et Boudon ne manque d'ailleurs pas de noter que « c'est sans doute pourquoi aussi bien Bourdieu et Passeron que Baudelot et Establet s'efforcent de montrer la stabilité dans le temps de l'inégalité des chances devant l'enseignement »[17].

Ainsi, le « paradoxe d'Anderson » est une pierre jetée non seulement dans le jardin de la sociologie américaine de la mobilité, mais aussi dans celui de la sociologie française de l'éducation – et, plus largement, de la « reproduction » – qui tenait alors lieu de « sociologie » de la mobilité. Dans un cas, en effet, il invalidait les fondements mêmes d'une théorie démontrant le caractère inéluctable d'un fait *(i.e.* l'augmentation de la mobilité sociale) qui ne se produisait pourtant pas ; dans l'autre cas, il ruinait l'argumentation de théories qui visaient au contraire à démontrer l'impossibilité que ce fait se produise.

L'élaboration d'une théorie qui permit d'expliquer l'ensemble des faits d'observation et n'entrât en contradiction avec aucun d'eux requérait donc que ne fussent pas seulement effectuées de simples rectifications des théories existantes, mais bien de véritables *ruptures épistémologiques* propres à dépasser les

---

17. Raymond Boudon, La sociologie des inégalités dans l'impasse ? En marge du livre de Christopher Jencks : « Inequality », *Analyse et Prévision*, XVII, 1974, p. 83-95 (le passage cité figure p. 94-95).

obstacles que les paradigmes dirigeant ces théories opposaient à la connaissance sociologique de ces faits. Et, en effet, deux ruptures peuvent être distinguées analytiquement, bien sûr dans la démarche boudonienne, qui permettent sans doute de rendre compte du caractère novateur de celle-ci.

• *La rupture avec l'individualisme du paradigme anglo-saxon.* – La première de ces ruptures, et la plus fondamentale sans doute, a concerné l'« individualisme » du paradigme américain dominant dont les théories qui s'en inspirent établissent que la position socioprofessionnelle atteinte par un individu peut être intégralement « expliquée » par un ensemble de variables de nature *individuelle* relatives non seulement à l'origine sociale mais aussi (et surtout) à des caractéristiques personnelles intrinsèques. C'est, bien sûr, le cas de la théorie « factorialiste » de Blau et Duncan. Plus généralement, c'est le cas de toutes les démarches entreprises à la suite de ces deux auteurs pour tenter d'accroître, par la recherche de variables individuelles supplémentaires et leur introduction dans les modèles d'analyse de dépendance, l'« explication » de la variance du statut social[18].

Cependant, il ne suffisait pas qu'un auteur comme Jencks fasse apparaître que l'ensemble des variables individuelles introduites dans les « modèles path » ne parvenait à « expliquer » guère plus de la moitié de la variance de la position socioprofessionnelle et, surtout, que la liaison entre cette dernière variable et le niveau d'instruction était modeste, pour que l'on dût nécessairement en déduire – à l'exemple de Jencks lui-même – que le niveau d'instruction n'exerçait qu'une influence médiocre sur le processus de l'allocation statutaire (Jencks, C., 1974). Conclure à une importante *indétermination* de la position socioprofessionnelle et, par effet, de la mobilité sociale d'un individu signifiait que l'on continuait d'adhérer au paradigme « individualiste » excluant les effets de la structure sociale sur ce processus.

Rompre avec ce paradigme, ainsi que le fit Boudon (et que Jencks, malgré tout, ne le fit pas), impliquait que l'on conçût

---

18. Voir, pour une critique de ces démarches, Roger Girod *et al.*, *Inégalité-inégalités*, 1977, p. 11-16.

l'allocation statutaire comme résultant d'un *processus de distribution*. Ainsi, si Boudon choisit, plutôt que de tenter le « sauvetage » du paradigme régnant (ou d'opter, à l'instar de Jencks, pour l'indéterminisme), d'en édifier un adapté de Sorokin, ce ne fut sans doute pas sans que de considérables enjeux sociophilosophiques (disons « métasociologiques ») ne l'y invitent. De fait, les auteurs anglo-saxons n'étaient-ils pas apparemment mieux placés que ce Français pour « redécouvrir » un Sorokin dont cet aspect de l'œuvre était resté pratiquement ignoré en France ? N'est-on alors pas en droit de faire *l'hypothèse* qu'au sein même de la tradition théorique et épistémologique française existaient *certains traits* propres à favoriser l'élaboration de la théorie boudonienne ?

Ces traits, nous estimons pouvoir les repérer dans certains éléments du discours implicite sur la distribution et la mobilité sociales, que nous avons présenté et analysé plus haut. De fait, si « incommensurables » (pour parler comme Kuhn) que soient les paradigmes durkheimien et marxiste, n'ont-ils pas cependant en commun de concevoir la distribution sociale comme un processus commandé par un *marché* – qu'il s'agisse simplement de celui de la division du travail dans un cas ou, dans l'autre, de celui des classes d'une société capitaliste ? Dans les deux cas, la fonction de l'appareil éducatif n'est-elle pas de créer de toutes pièces une « offre » adaptée à une demande, soit pour conformer l'individu au « milieu spécial auquel il est particulièrement destiné » (Durkheim), soit pour lui inculquer les « savoir-faire » techniques et les « savoir-être » idéologies-culturels propres à lui faire convenablement occuper les « places » créées par la reproduction des rapports sociaux de production (Poulantzas, Baudelot et Establet) ? Affirmer, dans la perspective « structuraliste » de Poulantzas, que les « places » *préexistent* aux « agents » et que la reproduction nécessaire des premières détermine celle des seconds, n'est-ce pas, dans le droit fil de la tradition holiste et déterministe illustrée presqu'un siècle auparavant par Durkheim, reconnaître que la conformation et l'évolution de la structure sociale sont commandées par des facteurs *exogènes* (qu'il s'agisse de l'accroissement de la densité matérielle et morale des sociétés, ou des lois internes de développement du mode de production capitaliste) – et que quels que puissent être les critères présidant à la distribution sociale des individus, ceux-ci n'en seront pas moins bon gré mal gré répartis dans des « postes » préexistants ?

Baudelot et Establet ont élaboré l'essentiel de leur théorie autour de la nécessité pour les sociétés capitalistes d'assurer et de contrôler, grâce au système scolaire, la reproduction des rapports sociaux de production et, donc, la distribution des individus dans les différentes classes sociales. Mais c'est Bertaux qui, dès avant Boudon, a tenté d'exploiter cette conception pour jeter les bases d'une théorie de la mobilité. C'est en effet en considérant la mobilité comme le résultat de la *distribution* des individus dans une structure sociale qui leur est « imposée » qu'il parvenait à montrer que la part la plus importante des flux de mobilité est de nature « structurelle » *i.e.* qu'elle résulte de cette « préexistence » des places sur les individus qui les occupent. Sans doute la notion de « mobilité structurelle » était-elle loin d'être ignorée par les auteurs anglo-saxons. Mais, comme nous l'avons rappelé plus haut, Bertaux fut le premier à proposer d'analyser – grâce à l'hypothèse du « modèle en escalier » – les conséquences de l'évolution de la structure sociale sur le processus même de la distribution sociale : il montrait que cette évolution n'affectait pas seulement le volume global de la mobilité, mais qu'elle affectait aussi – indirectement – la structure même de *l'ensemble* des flux entre catégories sociales. À cet égard, il faut sans doute considérer comme décisive la contribution de cet auteur, sinon à l'élaboration de la théorie boudonienne, du moins à l'émergence d'une conception « structurelle » (Bertaux dit : « structuraliste », et Boudon : « systémique »...) de la mobilité sociale.

Ainsi, la rupture avec la conception « individualiste » dominante des processus de l'allocation statutaire et de la mobilité sociale pour introduire l'indispensable prise en compte d' « effets structurels » conduisait normalement à définir ces deux processus en termes de *distribution sociale* – à l'instar non seulement de Sorokin mais aussi de courants profonds de la tradition théorique française.

- *La rupture avec le finalisme du paradigme français*. Mais pour que cette première « rupture » produisît tous ses effets et, en particulier, pour que fussent analysées et explicitées toutes les conséquences de la mise au jour des « effets structurels » relatifs à une conception en termes de « distribution sociale », il fallait qu'elle s'accompagnât d'une seconde. Cette seconde rupture concerna le « finalisme » caractérisant les conceptions du fonctionnement de ce processus de distribution et, plus précisément, les théories de la « reproduction » défendues par la sociologie française de l'éducation.

Sans doute Sorokin avait-il bien perçu, malgré son fonctionnalisme, la possibilité que « structure scolaire » et « structure sociale » puissent ne plus être aussi parfaitement congruentes que le voulait le fonctionnement « normal » de l'appareil éducatif comme « agence d'évaluation, de sélection et de distribution sociale ». Pour lui, toutefois, la mobilité sociale restait essentiellement réduite dans les sociétés modernes – à la « circulation » engendrée par l'institution scolaire, dans la mesure où cette dernière avait pour *fonction* de distribuer socialement les individus à l'issue de la sélection par elle effectuée des talents et compétences individuels nécessaires à la reproduction sociale. Pour Durkheim, si l'École n'était pas seulement une agence de sélection et de distribution, elle avait cependant pour *fonction* essentielle de conformer les individus à leurs statuts et rôles futurs ; de ce fait, elle était l'instrument décisif, voire unique, de la distribution sociale. Et si la mobilité sociale était bien – en fin de compte – essentiellement « structurelle », elle ne l'était qu'à cause de l'évolution de la division du travail, et bien peu du fait de l'École.

Mais c'est bien dans les théories de la sociologie française de l'éducation que ce « finalisme » est le plus fortement marqué, puisqu'il constitue le principe explicatif central des thèses « reproductivistes » qui animent cette sociologie. Il est explicite et patent chez Baudelot et Establet pour lesquels c'est la *fonction* fondamentalement impartie à l'École que de reproduire les rapports sociaux et, donc, la structure sociale. Chez Bourdieu et Passeron, l'École n'a pas de finalité véritable mais selon l'expression même de ces auteurs « tout se passe comme si » c'était le cas ;

en fait, c'est son propre mode de fonctionnement (et non une véritable fin qu'elle poursuivrait au nom du système social) qui confère à l'École ses effets reproducteurs : c'est parce qu'elle laisse inchangées les inégalités interindividuelles de départ que celles-ci se reproduisent – et la structure sociale avec elles. (Toutefois, rappelons-le, ce second « moment » de l'allocation statutaire ne fait pas véritablement l'objet d'une analyse, et ce n'est qu'après *La reproduction* que ses auteurs aborderont cette problématique[19]. Aussi peut-on remarquer que c'est, en fait, plus au schéma théorique de Baudelot et Establet que s'oppose Boudon qu'à celui de Bourdieu et Passeron, dans lequel il désigne pourtant sa cible privilégiée...) Quoi qu'il en soit, dans les deux cas, « structure scolaire » et « structure sociale » sont posées comme étant nécessairement congruentes puisque, dans un cas, tout est fait pour qu'il en soit ainsi et que, dans l'autre cas, rien n'est fait pour qu'il en soit autrement !

Aussi, dès qu'il a fallu se rendre à l'évidence que les chances sociales n'étaient pas affectées par les progrès de l'égalisation des chances scolaires, le paradigme « reproductiviste » et – plus généralement – les théories faisant de l'institution scolaire l'instrument décisif de la distribution sociale (et, par effet, de l'immobilité...) ne pouvaient apparaître que comme gravement hypothéqués par une « anomalie » dont il paraissait fort difficile de ne pas tirer toutes les conséquences. Dès lors, en effet, on ne pouvait plus à l'instar des auteurs des *Héritiers* et de *La reproduction* – considérer l'École comme le facteur (sinon l'instrument) de la reproduction des inégalités sociales en inégalités scolaires puisque la démocratisation de l'enseignement était patente, et encore moins comme l'instrument efficace de la distribution sociale puisque cette démocratisation ne s'accompagnait visiblement pas d'une augmentation de la mobilité. De la même façon, la production de l'inégalité scolaire par *l'École capitaliste* ne pouvait plus être considérée comme étant étroitement commandée par la reproduction de l'inégalité sociale (ou, dans le langage de ses

---

19. Voir Pierre Bourdieu, *Les stratégies de reconversion*, 1973, et Pierre Bourdieu *et al.*, *Classements, déclassements et reclassement*, 1978.

auteurs, par la reproduction des « classes sociales »). La « méritocratie » que l'une et l'autre de ces théories postulaient implicitement en faisant de l'École l'instrument et le lieu de la reproduction sociale n'était en fait concevable que si la congruence était totale entre l' « offre » scolaire et la « demande » sociale – ce qui n'était visiblement pas (plus ?) le cas.

Il n'était donc plus concevable de considérer l'École comme une institution fonctionnant efficacement selon une logique (intentionnelle ou de fait) de la reproduction sociale. Les deux moments du processus général de la distribution sociale (celui de l'allocation des positions scolaires et celui de l'allocation des positions sociales) devaient alors être conçus comme étant *autonomes* l'un par rapport à l'autre le premier ne commandant plus le second, et la « structure scolaire » la distribution sociale. De la théorie de Baudelot et Establet, il ne restait alors plus que la thèse selon laquelle la structure sociale « préexistait » aux individus qui y devaient être distribués – *i.e.* que cette structure était *donnée*. De la théorie de Bourdieu et Passeron, il ne restait plus grand chose, puisque l'origine sociale ne déterminait plus à elle seule le niveau d'instruction et que celui-ci *pouvait* ne plus déterminer du tout, sinon le processus de la distribution sociale, du moins le *résultat* de ce processus. De fait, dans le processus de l'allocation scolaire, intervenait la structure sociale, tandis que dans le processus de l'allocation statutaire intervenaient, outre le niveau d'instruction des individus et – éventuellement – leur origine sociale, le degré de congruence entre ces deux « structures ».

Toutefois, ce n'est que dans un second temps de sa démarche que Boudon a été conduit – rappelons-le – à considérer la « structure scolaire » comme résultant de l'agrégation de conduites individuelles intentionnelles en fonction de la « structure du système d'interaction » dans lequel elles sont appelées à se déployer. Aussi, la « rupture » avec le paradigme finaliste de la « reproduction » était-elle *pour l'essentiel* consommée, dès lors qu'était affirmée l'autonomie de la « structure scolaire » par rapport à la structure sociale. Et la théorie « décisionnelle » élaborée par Boudon afin de rendre compte et du processus de constitution de la « structure scolaire » et de l'évolution de celle-ci n'était donc bien qu'un *élément annexe* d'un schéma théorique plus fondamental.

B) Les raisons d'une entreprise

• *Sous le paradigme formel « systémique » un paradigme analogique du « marché »* – Le paradigme « systémique », qui est donné par Boudon pour être celui qui lui a permis d'élaborer sa théorie de la distribution sociale, n'est, pour employer une typologie due à Boudon lui-même[20], qu'un paradigme *formel* puisqu'il est relatif à un mode d'élaboration syntaxique du discours théorique plus qu'au contenu même de ce discours. Or, comme nous l'avons montré, cette théorie ne s'inscrit pas primitivement dans le cadre de l'« individualisme méthodologique » fondant la théorie que, par ailleurs, Boudon propose des mécanismes générateurs de l'inégalité des chances devant l'enseignement. Nul besoin, en effet, pour rendre compte du processus de la distribution sociale, de faire appel à des *conduites,* voire à des comportements individuels : ni la structure sociale ni les règles (« dominance » et/ou « méritocratie ») qui régissent la distribution des individus dans cette structure ne dépendent en aucune façon des conduites – intentionnelles ou non – des individus concernés, mais plutôt de facteurs que Boudon qualifie d' « exogènes » – et dont celui-ci ne souffle mot.

Ces individus sont plutôt les objets de *l'échange* qui s'instaure (dans le cas « méritocratique », bien sûr) entre « structure scolaire » et structure sociale, la seconde constituant la *demande* que doit satisfaire *l'offre* que constitue la première. La seule particularité d'un tel *marché* est que la demande, étant fixée indépendamment de l'offre, varie indépendamment d'elle et n'est pas affectée par elle dans sa structure même ; en clair : la structure sociale – la « société » – n'a pas pour fonction d'offrir aux individus les positions sociales qu'ils désirent ou qui leur conviennent (quoi qu'ils fassent par ailleurs dans ce sens : par exemple, tenter

---

20. Raymond Boudon, *La crise de la sociologie*, 1971 (voir le chap. 6 : « Théories, théorie et Théorie », p. 159-204).

d'anticiper la demande), mais de permettre au travail économique, politique et social de se faire selon des modalités et des objectifs échappant aux volontés individuelles. Aussi cette demande doit-elle nécessairement être satisfaite – *i.e.* la structure sociale doit être pourvue en individus. Toutefois, parce qu'elle est impuissante à agir sur la nature de l'offre, elle devra se satisfaire de l'état de l'offre existante ; en clair : la « société » n'est pas considérée comme étant dotée d'institutions, agences ou autres « appareils » assurant avec efficacité la régulation de son fonctionnement. Ainsi, même si la demande impose des « lois » à sa satisfaction *(e.g.*, tel coefficient de « méritocratie »), il n'est nullement assuré que l'état du marché puisse, parce que ce marché est « libre », permettre à ces « lois » de déterminer un processus d'échange qu'elles *régissent* cependant : les « lois » d'un marché « libre » n'étant pas celles de la seule demande.

Il est donc visible qu'il suffisait à Boudon de prononcer *l'analogie* du processus de la distribution sociale avec un phénomène de *marché* pour rompre aussi bien avec les thèses individualistes du paradigme américain qu'avec les thèses finalistes des paradigmes français, et pour montrer que la théorisation de ce processus requérait que ce ne soient plus des corrélations [individuelles ou écologiques (Boudon, R. et Lazarsfeld, P., 1966, p. 191-219)] mais des individus qui constituent, selon l'expression de Boudon, les « atomes logiques de l'analyse » – d'où la nécessité de la modélisation. Le recours – le plus souvent implicite par Boudon à un paradigme *analogique* de « marché » montre donc assez clairement la nature de la conception générale du social qui oriente sa démarche dans l'élaboration de *cette* théorie, et que le paradigme « systémique » en est la contre-partie au plan de la *formalisation*. Pas plus qu'elle n'est « décrétée » par les individus, la société ne détermine leurs destins ; les destins individuels ne peuvent pas aller à l'encontre de certaines « nécessités fonctionnelles » de la société, mais (et c'est pourquoi la notion de « nécessités fonctionnelles » ne peut pas être prise ici dans l'acception finaliste que lui attribue parfois un certain fonctionnalisme) la société n'est douée d'aucun pouvoir pour faire s'accorder les destins individuels aux exigences de sa propre reproduction. Bref, il s'agit d'un pur et simple *libéralisme*.

C'est sur ce fond de libéralisme que, par ailleurs, Boudon a été conduit à adopter la perspective d'un « individualisme méthodologique » qu'il étendra – *ensuite* –, au-delà de la théorie de la distribution scolaire, à sa théorie de la distribution et de la mobilité sociales. Poussant plus loin l'exploitation du paradigme du « marché », il va introduire le postulat que les détenteurs de *l'offre* peuvent tenter (et tentent en fait) de s'accorder à la nature de la *demande* en s'efforçant de mettre sur le marché des « biens » (*i.e.* des diplômes, en régime « méritocratique ») dont ils font l'hypothèse qu'ils pourront satisfaire la demande et, par là, obtenir des rémunérations sociales supérieures. Mais comme le marché est « libre » et, donc, que la formation de l'offre n'est pas institutionnellement régulée, en cherchant à maximiser la rémunération des biens offerts en s'adressant à la demande la plus rémunératrice, les individus pourront être conduits à une *surproduction* des biens les plus valorisés (*i.e.* de « haut de gamme ») qui, ne pouvant être absorbés par la demande, vont se trouver dévalorisés et – pour ainsi dire –« bradés » à vil prix (*i.e.* des diplômes élevés devant être échangés contre des positions sociales médiocres). Ainsi, les modalités de la distribution sociale (et, par effet, de la mobilité sociale) ne seront plus seulement fonction du degré de congruence entre « structure scolaire » (l' « offre ») et structure sociale (la « demande »), mais aussi des processus qui interviennent dans la définition de la « structure scolaire » en fonction des anticipations que les acteurs font à propos de l'évolution de la structure sociale (de l' « offre » en fonction de la « demande »). Le marché qui, dans un premier temps, mettait en quelque sorte des inconnus en présence, voit les individus le « socialiser » en devenant eux-mêmes des « acteurs économiques » ayant accédé au calcul économique. Mais, une fois de plus, soulignons que si l' « individualisme méthodologique » *peut rendre compte* de la stagnation de la structure de la mobilité sociale, il n'est nullement nécessaire à *l'interprétation* théorique du processus de la distribution et de la mobilité sociales, que le paradigme de l'économie libérale permet à lui seul d'interpréter.

• *Sous la problématique explicite de la distribution et de la mobilité sociales, celle – implicite – du dépassement de l'individualisme et du déterminisme.* – Ainsi, on est peut-être mieux en mesure d'interpréter l'entreprise boudonienne dans ce domaine en lui reconnaissant comme objectif final, au moins autant celui – fondamental – d'une réfutation des conceptions générales de la reproduction sociale, que celui – plus conjoncturel – de l'élaboration d'une théorie de la distribution et de la mobilité sociales.

De fait, les interprétations « externalistes »[21] que l'on pourrait donner d'une telle entreprise demeurent largement insatisfaisantes. Autant des raisons socio-historiques aisément identifiables permettent de rendre compte de l'émergence et du développement original de la sociologie américaine de la mobilité, autant des raisons de même nature semblent pouvoir expliquer le long désintérêt de la société française et de sa sociologie pour une telle problématique, autant cet ordre de raisons paraît ne posséder qu'une faible capacité explicative de la promotion boudonienne d'une théorie sociologique de la distribution et de la mobilité sociales.

Sans doute le faible impact de la démocratisation de l'enseignement sur la réduction de l'inégalité des chances sociales constituait-il une *vexata quaestio* pour les politiques qui avaient placé leurs espoirs dans des réformes du système scolaire susceptibles de démocratiser le système social. Mais n'était-ce pas davantage le cas des *Welfare States* anglo-saxons et nord-européens que celui d'une société française dont les réformes scolaires des décennies d'après-guerre semblent avoir eu pour objectif premier d'adapter la main-d'œuvre à l'emploi ? Sans doute le maintien d'une forte hérédité sociale avait-il ému la génération des années 1960 au point d'avoir fait de l'inégalité des chances et de leur reproduction les principales accusées des procès conduits par l'effervescence politique (Mai 68) et, subséquemment, par la sociologie « critique » française de la « reproduction » ? Mais, en clouant l'École au pilori, ces différents procès n'avaient-ils pas, en quelque sorte, suffisamment circonscrit l'origine du mal et, de ce fait, n'avaient-ils pas facilement et durablement exorcisé celui-ci ? Le nouveau train

---

21. Ce néologisme, que l'on voudra bien nous pardonner, fait référence à la distinction traditionnelle (inspirée par Merton) entre facteurs « internes » et « externes » de l'activité scientifique. Sur ce point, voir notre Introduction, 1993.

de réformes scolaires que les années 1970 s'apprêtaient à lancer (cf. la « Réforme Haby ») n'était-il pas d'inspiration largement « bourdieusienne », et ne prouvait-il donc pas que la question *politique* de l'École était fermement prise en compte ?

Sans doute l'« internationalisation » du champ scientifique interdit-elle de réduire aux situations nationales les épistémologies et les heuristiques, à une époque où les chercheurs travaillent dans plusieurs pays à la fois, préfacent parfois leurs ouvrages à l'étranger[22], et en voient publier presque immédiatement des traductions[23]. Toutefois, la problématique qui sous-tend la recherche de Boudon n'est-elle pas plus « anglo-saxonne » que véritablement française ? Les faits dont cette recherche tente de rendre compte ne sont-ils pas ceux-là mêmes que des travaux comme ceux de Coleman, Anderson, Jencks ou encore Thurow[24] ont mis au jour, et les questions théoriques soulevées par ces faits ne sont-elles pas celles-là mêmes qu'ils posent à certaines des thèses centrales autour desquelles s'organise la réflexion sociopolitique anglo-saxonne sur les inégalités ? Qui, dans la France des années 1960, pouvait s'émouvoir des effets contre-intuitifs d'une démocratisation de l'enseignement (dont l'existence était le plus souvent niée) sur une inégalité des chances sociales, dont il était péremptoirement affirmé qu'elle était réductible à celle des chances scolaires ?

Conclusion

Aussi serait-il bien aventureux d'imputer l'essentiel de l'entreprise boudonienne à une « demande » sociale explicite ou simplement « diffuse » qui, en tout état de cause, apparaît assez

---

22. L'avant-propos de *L'Inégalité des chances*, 1973, a été rédigé à Palo Alto (Californie, États-Unis).
23. Raymond Boudon, *Education, Opportunity and Social Inequality : Changing Prospects in Western Society*, Foreword by S. M. Lipset, New York, Wiley, 1974 (version anglaise de R. Boudon, *L'inégalité des chances*, 1973).
24. James Coleman *et al.*, *Equality and Educational Opportunity*, US Department of Health, Education and Welfare, 1966 ; C. Arnold Anderson, art. cité ; Christopher Jencks, 1972, Lester C. Thurow, 1972.

fantomatique, voire peu conciliable avec la situation idéologique, politique et culturelle de la société française de l'époque. Mais, par ailleurs, les explications « internalistes » auxquelles – par défaut – nous pourrions être conduit semblent devoir, en l'occurrence, écarter d'emblée une position naïvement *positiviste* selon laquelle – l'argument de l' « internationalisation » du champ scientifique aidant – on ne devrait voir dans l'évolution scientifique (et selon une vision toute popperienne des choses) que le résultat d'un travail inlassable de réfutation des théories existantes, grâce à l'exploitation de faits nouveaux ou jusque-là méconnus. Comme nous pensons l'avoir sinon montré, du moins suggéré, il existait des alternatives aux choix effectués par Boudon pour résoudre les « anomalies » des paradigmes régnants. Aussi, parmi les facteurs « internes » évoqués par Merton, doit-on sans doute distinguer, des facteurs tenant au fonctionnement purement « intellectuel » de la pensée scientifique, ceux qui tiennent aux effets de parti pris « méta-scientifiques » (idéologiques, sociophilosophiques) sur la dynamique de cette pensée, et qui semblent avoir moins pour effet de rectifier des théories infirmées par les faits que de *légitimer des paradigmes à l'aide de théories non infirmées*. De tels facteurs ne sont évidemment pas indépendants de courants sociaux plus ou moins « diffus » ; mais sans doute les faut-il ranger parmi les facteurs « internes », si l'on accepte de convenir que les conflits de paradigmes sont partie intégrante de la dynamique même de la pensée scientifique.

Nous serions ainsi volontiers porté à penser que l'initiative boudonienne a peut-être moins procédé de la mise en œuvre d'une problématique « théorique » (*i.e.* relative à l'édification d'un discours explicatif de certains phénomènes empiriques) que d'une problématique « épistémique » (*i.e.* relative aux conditions générales d'édification de certains discours théoriques) –, c'est-à-dire de l'ambition de légitimer, en en éprouvant l'efficacité heuristique, un paradigme original[25]. Et ce (ne) serait donc (que) parce que le champ de la sociologie de l'inégalité des chances et de leur reproduction était, en France, celui qu'avaient le plus

---

25. Sur cette distinction, voir Cuin, C.-H., 1993.

massivement investi les tenants de paradigmes opposés au sien que le sociologue français Boudon l'aurait choisi pour en découdre. De plus, tandis que ces paradigmes permettaient – comme nous l'avons vu – de faire l'économie d'une théorie explicite de la distribution et de la mobilité sociales, celui dont Boudon était le héraut requérait, pour combattre efficacement ses protagonistes, qu'une telle théorie fut élaborée qui viendrait administrer la preuve de leur défaite. Ainsi, Boudon pourrait bien – de façon fort « colombienne » – avoir rencontré la mobilité sociale en poursuivant un objectif différent : celui de la critique des paradigmes individualistes anglo-saxons et, surtout, finalistes français, afin d'imposer dans la sociologie française un paradigme nouveau – l'ainsi nommé « individualisme méthodologique »...

Chapitre **6**

LES DEUX SOCIOLOGIES DE LA CONNAISSANCE SCIENTIFIQUE

Raymond Boudon

Je partirai d'un fait brut, que je me contente d'énoncer sèchement, à savoir qu'il existe deux types contrastés de sociologies de la connaissance scientifique : le programme « classique » et le programme « moderne » ou mieux, puisque c'est ainsi qu'il est souvent désigné, « postmoderne ». À la suite de Bunge (1991-1992), je parlerai aussi de la « nouvelle » sociologie de la science.

Je m'interrogerai ici sur deux points : celui de l'efficacité et de la viabilité comparées des deux programmes ; celui des raisons sociologiques de l'apparition récente et de l'influence du second.

6.1 LA SOCIOLOGIE DE LA CONNAISSANCE CLASSIQUE

Le programme classique rassemble les théories qui ont en commun de donner à la sociologie un rôle limité, n'empiétant en aucune façon sur la philosophie des sciences. Ce programme est en réalité multiple : il comporte des sous-espèces. Ainsi, certains sociologues traitent les processus de recherche scientifique comme des boîtes noires. Ils se contentent, par exemple, de s'interroger sur l'influence des variables institutionnelles sur la production scientifique. Les analyses comparatives de Ben David et Zloczower (1962), qui tentent d'expliquer les performances scientifiques remarquables des universités allemandes au XIXᵉ siècle par des variables institutionnelles, illustrent ce type de sociologie de manière brillante. Cette variété du programme classique peut être dite « minimale ».

Une autre sous-espèce, plus ambitieuse, ne s'astreint pas à traiter la science comme une boîte noire : c'est celle qui prétend rendre compte de l'apparition de tel concept, de telle conjecture ou de telle théorie scientifiques, voire de l'institutionnalisation de la science elle-même. Cette variante devait, elle aussi, s'avérer durable. On peut en attribuer la paternité à Durkheim (1903, 1912), qui lui a donné le coup d'envoi en proposant deux idées importantes. La première, c'est que certains concepts scientifiques, comme les concepts de force ou de cause, ont une origine sociale. L'expérience sociale nous donnerait une expérience immédiate, celle de la contrainte, laquelle expliquerait l'apparition de ces notions. Ces analyses proposent une idée solide : que certains concepts scientifiques peuvent provenir d'une source extrascientifique. Mais rien n'assure qu'il faille placer à l'origine de la notion de force l'expérience sociale plutôt que l'expérience physique, par exemple. La hardiesse des hypothèses de Durkheim est à la mesure de son ambition, annoncée dès les premières pages des *Formes* : proposer une interprétation sociologique des *a priori* de Kant. L'autre hypothèse importante de Durkheim est que la science se serait développée sur le terreau de la religion et de la magie. Je ne peux discuter ces conjectures, mais seulement relever leur intérêt et leur fécondité. Durkheim reprend d'ailleurs ici en les précisant des hypothèses et des questions posées par d'autres, notamment par Comte et dans un autre registre par Tylor (1871).

En tout cas, même lorsqu'ils adoptent la version la plus ambitieuse de ce programme classique, les sociologues de la connaissance prennent soin de bien circonscrire la place de la sociologie. Ils avancent que l'installation du langage scientifique lui-même, de certaines de ses règles ou de ses concepts a été facilitée par des variables sociales. Mais ils admettent sans discussion que l'évolution de la science doit aussi s'analyser de façon rationnelle. Ils ne nient pas que bien des théories ont été abandonnées tout simplement parce qu'elles étaient fausses; ou que des paradigmes nouveaux ont été adoptés parce qu'ils étaient plus puissants. Marx lui-même a insisté sur le fait qu'il faut concevoir le développement de la science, à l'instar de celui du droit, comme déterminé en partie de la manière endogène. Par sa distinction entre propositions *universelles* et propositions *relationnelles*, un Mannheim (1929), l'un des deux parrains (avec Scheler) de la sociologie de la connaissance, a voulu souligner que l'adhésion à certaines propositions est indépendante du contexte social : on y adhère parce qu'elles sont vraies, non parce qu'elles feraient l'objet de « conventions » implicites ou explicites. Un promoteur de la nouvelle sociologie, Bloor (1973), devait reprocher à Mannheim cette concession.

Cette position classique me paraît la seule raisonnable. Simplement parce qu'on peut mentionner, outre le « 2 + 3 font 5 » de Mannheim, d'innombrables propositions et théories certaines. Et pas seulement dans les sciences dures. Ainsi, l'explication proposée par un Tocqueville (1856) du sous-développement de l'agriculture française au XVIIIe siècle ou de la religiosité américaine n'a jamais été sérieusement contestée parce qu'elle est... incontestable.

Parmi les classiques, Simmel (1892) – dont j'explicite ici les analyses très allusives – apparaît comme l'un des auteurs les plus clairvoyants sur la question de l'articulation entre sociologie et philosophie de la connaissance scientifique : des historiens provenant de milieux sociaux différents ont toutes chances de voir différemment la causalité d'un événement, explique-t-il : un premier (1) l'attribuera peut-être à la chaîne causal $YabX$, un second (2) à ZbX, un troisième (3) à $ZgdX$. Car la complexité des réseaux de causalité auxquels est confronté l'historien est souvent telle que personne ne peut les reconstituer dans leur ensemble. Mais rien n'interdit que les trois théories $YabX$, ZbX et $ZgdX$ ne soient toutes les trois vraies. Les trois « points de vue » peuvent être à la fois conditionnés socialement (c'est au sociologue de la connaissance de le montrer) et vrais (c'est au savant, en l'occurrence à l'historien, de le montrer et au philosophe des sciences d'expliquer pourquoi il y est parvenu et comment il l'a fait). Le conditionnement social de la connaissance n'implique donc en aucune façon le scepticisme.

Si cela est vrai de la connaissance historique, comment cela ne le serait-il pas de la connaissance scientifique en général ?

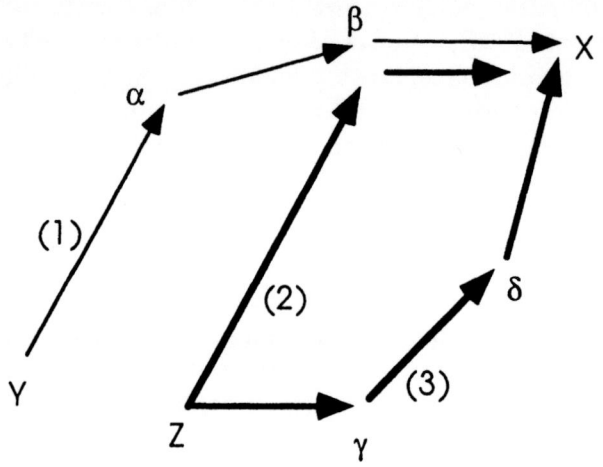

Ce programme classique, celui de Durkheim, Simmel, Mannheim, est toujours en vigueur. On pourrait en fournir maintes illustrations : les travaux de Koyré (1973), qui proposent de voir dans le dogme de l'incarnation un agent qui aurait facilité l'apparition de l'héliocentrisme ; ceux de Merton (1938), lorsqu'il tente de montrer que l'esprit de méthode issu du puritanisme a facilité le développement de l'*ethos* scientifique, en illustrent la vitalité ; ceux de Feuer (1978) qui montrent, à partir du cas d'Einstein, que la marginalité peut faciliter l'innovation : car un marginal est exposé, pour parler comme les économistes, à des coûts de sortie des théories scientifiques en vigueur plus faibles que le chercheur établi. Cette analyse met en évidence des facteurs sociaux d'importance décisive pour l'explication de la créativité scientifique ; mais elle n'entame en rien, bien sûr, la validité des théories scientifiques d'Einstein. De même, un Holton (1982) a insisté sur le fait que les physiciens sont souvent guidés par des principes extra-scientifiques. Mais, pas plus que dans le cas de l'histoire vue par Simmel, il ne présente cette dépendance comme incompatible avec la scientificité, l'objectivité et la vérité.

Du côté de la sociologie des sciences sociales, Horton (1973) a montré que l'anthropologie de l'ère victorienne est profondément affectée par l'idéologie alors régnante de la supériorité de l'Occident, et que celle qui suit la Seconde Guerre mondiale est tout entière dominée par l'idéologie inverse de l'Occident oppresseur. Mais il souligne aussi que cette immersion dans l'idéologie n'a pas empêché l'anthropologie de produire des théories dotées d'une authentique valeur cognitive. Il en va de même de la démographie. Elle apparaît comme asservie à l'air du temps. Ainsi, Ferkiss (1977) a montré qu'en 1930 les démographes n'abordent guère le thème de la surpopulation, et se soucient au premier chef de la dégradation du potentiel génétique de l'humanité. Malgré cette imprégnation idéologique, personne ne nie que la démographie ait réalisé des progrès importants. Car, si, ici comme ailleurs, le choix des sujets et des problèmes, voire de certains concepts, est souvent d'origine externe, le perfectionnement des méthodes et des théories ainsi que l'évaluation des résultats obéissent à des règles internes.

Ce n'est donc pas d'hier que l'on a découvert l'influence des facteurs sociaux sur le développement scientifique. Mais jamais on n'en avait tiré l'idée que ce conditionnement était incompatible avec l'objectivité. Pourquoi la « nouvelle » sociologie des sciences a-t-elle franchi ce pas ? C'est, je crois, une énigme intéressante de l'histoire des idées contemporaines. Car, si le scepticisme existe depuis Sextus Empiricus, cette nouvelle sociologie des sciences a l'originalité de le présenter comme fondé sur l'analyse scientifique de la science.

6.2 La « nouvelle sociologie » de la connaissance

Selon le programme « moderne », que je résume ici de manière sommaire, bien que les théories scientifiques soient des représentations du monde forgées à partir de règles spécifiques, il faut y voir des produits culturels explicables par le contexte social.

Elles ne sont pas supérieures à d'autres représentations du monde. C'est pourquoi la sociologie des sciences doit s'inspirer des méthodes de l'anthropologie. Quant à la philosophie des sciences, elle serait une illusion qu'il importe de démasquer. Sans doute existe-t-il des différences et des nuances entre les sociologues de la connaissance scientifique qui se recommandent de ce programme. Kuhn (1962), Feyerabend (1975), Barnes (1977) et Bloor (1980), pour ne mentionner que les pionniers de ce mouvement de pensée, l'ont développé chacun avec son originalité propre. Mais, *grosso modo*, les traits que j'ai présentés sont communs à tous.

Ce qui fait problème, c'est que ce programme apparaît comme bien fragile. Les théories même les plus « modérées » qui s'en recommandent, comme celle de Kuhn, ne résistent pas à un examen attentif. Pourtant, ce programme s'est imposé au point que son « adieu à la Raison » passe souvent pour une sorte d'évidence. On tient aujourd'hui dans certains milieux pour « définitivement établi » que la science ne saurait atteindre l'objectivité. Si grande est l'influence de cette thèse qu'elle est parfois acceptée par les scientifiques eux-mêmes.

Pourquoi a-t-on mis autant de temps pour découvrir cette « évidence » ? Pourquoi s'est-elle aussi largement imposée, en dépit de sa fragilité ? Pour concrétiser la discussion, j'évoquerai d'abord quelques exemples tirés de cette « nouvelle » sociologie.

Kuhn

Mon objectif n'est pas ici de critiquer Kuhn, mais seulement de chercher à comprendre, à partir de cet auteur clé, comment elle a pu s'imposer. Je considérerai le thème bien connu de Kuhn (1962), selon lequel le choix entre des théories scientifiques alternatives se fait généralement sur des critères subjectifs.

Kuhn tente de démontrer ce point en examinant certaines discussions historiques entre savants, comme celle qui a opposé Priestley et Lavoisier à propos du phlogistique. Il démontre pièces en main que les deux protagonistes s'appuient sur des arguments qu'ils soupèsent en fonction de critères subjectifs. L'un juge tel argument important, l'autre sans importance. Bien entendu, les critères sur lesquels reposent ces évaluations ne peuvent être ni déterminés ni pondérés de façon unique et contraignante. Mais comme ils ne peuvent d'autre part être purement idiosyncrétiques, il faut qu'ils tirent leur légitimité de ce qu'ils sont acceptables socialement. Dès ce point, le tour est joué : exit la philosophie, entre la sociologie.

Première remarque : les arguments de Kuhn sont parfaitement acceptables, voire banals ; mais on n'en avait pas jusqu'ici tiré la conclusion que l'objectivité était un leurre. Pourquoi Kuhn la tire-t-il ? Parce qu'il ajoute à son argumentation des éléments implicites : pour les résumer d'un mot, il développe sa démonstration dans un cadre hyperempiriste, qui la rend possible en même temps qu'elle la ruine.

En effet, quel que soit le sujet sur lequel porte une discussion, le simple fait qu'elle ait lieu signifie qu'on n'a pas encore trouvé d'arguments décisifs devant lesquels tous devraient s'incliner. Point n'est même besoin d'une enquête historique pour le montrer. Cela résulte de la nature même de toute discussion entre personnes supposées également compétentes. Mais pour tirer de cette banalité l'idée qu'il n'y a pas de vérité, il faut ignorer toutes les discussions qui se sont éteintes et par conséquent n'ont désormais plus laissé aucune trace à l'usage de l'empiriste, tout simplement parce qu'elles ont abouti à une conclusion certaine que personne n'a plus remise en question. À cet égard, le cas des enquêtes scientifiques n'est pas différent de celui des enquêtes policières. Tant qu'elles durent, c'est que des arguments définitifs n'ont pas encore été mis sur la table et que par définition les protagonistes fondent leur conviction sur des arguments subjectifs. Bien sûr, il existe des conclusions erronées et des enquêtes qui n'aboutissent pas. Mais on accordera que ce n'est pas le cas le plus typique. Au contraire, le principe selon lequel il est possible d'aboutir à une conclusion objective explique et fonde le *sens* même de la science, tout autant que d'institutions comme la police ou la justice. Mais, à la différence des arguments de Lavoisier et de Priestley, ce *sens* n'est pas une donnée directement observable à partir de la consultation des archives historiques.

On peut exprimer la même objection d'une autre façon : en disant que Kuhn extrapole indûment du court au long terme ; ou encore, qu'il est victime de ce qu'on appelle quelquefois le paradoxe de composition, puisqu'il admet sans discussion que ce qui est vrai dans l'instant l'est aussi *ipso facto* dans le temps. Plus simplement encore : Kuhn ne voit pas qu'on peut raconter la même histoire de différents « points de vue ». Ainsi, on peut raconter une enquête policière à la manière du chroniqueur, en se donnant l'objectif de réunir le plus de détails possible, ou de manière rationnelle, en ne retenant que les éléments qui ont permis à l'enquête d'aboutir à une conclusion. Les deux points de vue sont bien entendu légitimes. Mais, si l'on tient à les hiérarchiser, l'on admettra facilement que le second est plus fondamental, puisqu'il décrit comment l'objectif qui est poursuivi par l'enquête et qui par conséquent en constitue le sens, a été atteint.

Ce sont en définitive les a priori *hyperempiristes de Kuhn qui le conduisent à négliger cette multiplicité des points de vue et à accorder une suprématie douteuse à un point de vue particulier.*

Qu'on m'entende bien : je n'affirme en aucune façon que ses études de cas soient dépourvues d'intérêt. Je reconnais au contraire qu'elles sont souvent fascinantes et analysées avec maestria. Tout ce que je conteste, c'est que les conclusions qu'il en tire et que son public est enclin à tirer avec lui résultent effectivement de son argumentation. Plus précisément : ses arguments pris en eux-mêmes sont justes, mais non les conséquences qu'il en tire. Ses arguments sont acceptables, mais non son argumentation.

Il serait facile de montrer que la fragilité de la théorie de Kuhn caractérise le programme de la « nouvelle » sociologie de la science dans son ensemble.

Feyerabend

Le diagnostic s'applique par exemple à l'autre figure emblématique du programme « moderne » : Feyerabend (1975). L'impression que les sciences sont capables de progrès serait le fait d'une « illusion épistémologique », nous dit-il. La supériorité de la physique galiléenne sur la physique aristotélicienne passe pour une évidence : ce n'est pas le cas. Nous sommes seulement victimes d'une illusion due à ce que nous excluons du champ de la science les problèmes pour lesquels la physique aristotélicienne proposait une solution.

C'est en fait l'argument de Feyerabend qui traduit une « illusion épistémologique ». Le mécanisme générateur de l'illusion est le même que dans le cas de Kuhn. Feyerabend part d'arguments explicites irrécusables ; mais les conclusions qu'il en tire supposent l'adjonction de principes à la fois lourds et de validité douteuse. Ici, sur la base de principes implicites traités comme allant de soi, Feyerabend utilise une définition très particulière de la notion de progrès : une théorie T_2 est supérieure à T_1 si et seulement si les faits que ces théories expliquent peuvent être représentés par des cercles concentriques, le petit cercle (i.e. celui qui représente l'ensemble des faits expliqués par T_1) étant inclus dans le grand (i.e. celui qui représente l'ensemble des faits expliqués par T_2).

Cette définition du « progrès » est probablement la plus simple et la plus courante. Mais d'autres décrivent de façon plus acceptable les corrélats objectifs du sentiment de progrès. Car le progrès scientifique ne consiste pas seulement à expliquer de nouveaux faits, bien que cet objectif soit essentiel. Il consiste aussi par exemple à clarifier des concepts, à créer ou à identifier de nouveaux êtres (par exemple de nouvelles molécules ou de nouveaux virus), à inventer de nouvelles hypothèses, à expliquer des faits de manière plus simple, à l'aide d'hypothèses plus facilement crédibles, etc. Pour prendre un exemple tiré des sciences sociales, la théorie de la magie de Durkheim n'est pas supérieure à celle de Wittgenstein ou de Lévy-Bruhl seulement parce qu'elle rend mieux compte des faits, mais aussi parce qu'elle s'appuie sur des hypothèses plus crédibles (Boudon, R., 1992).

L'on peut sans doute adopter la définition de la notion de progrès implicitement retenue par Feyerabend. Mais il importe aussi de voir que la force de son argument en dépend directement. Si l'on en choisit une autre, sa conclusion sur le caractère illusoire du progrès ne tient plus. Les analyses de Feyerabend ne sont pas sophistiques, mais son argumentation repose, elle aussi, sur des propositions implicites qu'il ne discute pas et qu'il ne perçoit sans doute pas de façon consciente parce qu'il les traite comme des évidences.

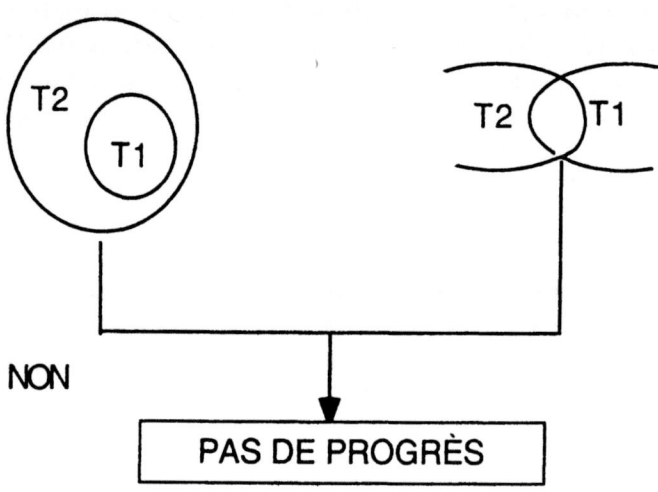

La fragilité de la « nouvelle » sociologie de la science apparaît encore dans les travaux de Hübner (1985). Bien que moins connu, cet auteur est particulièrement intéressant, parce que son argumentation est plus méthodique que celle de nos deux figures américaines. Mais sa thèse centrale est la même que celle de Feyerabend : les explications proposées par les mythes ne peuvent être considérées comme moins valides que celles de la science.

Hübner

On ne peut qu'être frappé non seulement par la précision de l'argumentation de Hübner mais aussi par l'intérêt de son interprétation des mythes et notamment des mythes wagnériens qu'il nous propose.

Pour Hübner, la validité des mythes ne le cède en rien à celle des théories scientifiques. Pourquoi ? Parce que toute théorie scientifique *dépend* de toutes sortes de principes qu'on est bien forcé, ainsi que l'indique la notion même de principe, d'accepter sans discussion. Sinon, il faudrait, en vertu du « trilemme de Münchhausen » cher à H. Albert (1975), fonder ces principes sur d'autres principes et ainsi à l'infini. L'observation la plus factuelle dépend elle-même, ajoute Hübner, de règles procédurales *(Judikale Basissätze)* qui ne peuvent être entièrement légitimées, puisqu'elles reposent sur des postulats ultimes. Ainsi, toute théorie scientifique dépend de *(hängt ab)* toutes sortes de propositions non testées et non testables.

Cela ne veut pas dire que la science ne soit pas un jeu de langage intéressant. Mais il est illégitime de prétendre, nous dit Hübner, qu'elle propose une représentation du réel plus fiable que celle que véhiculent les mythes. Rien ne nous indique que la conception que la science se fait de l'explication lui permette de se rapprocher davantage de la réalité que le mythe. Les deux langages reposant sur des principes indémontrables, ils sont incommensurables. Nous croyons à la supériorité de la science sur le mythe parce que nous vivons dans un monde « désenchanté ». Mais la réussite technique de la science n'est pas une preuve de son réalisme. Supposons par exemple que j'aie une montre électronique et que je crois avoir une montre mécanique, je l'utiliserai de façon « techniquement » correcte, bien que la conception que je m'en fais soit parfaitement irréaliste.

On peut d'abord observer que ces arguments sont connus depuis toujours. Le fait nouveau est qu'ils soient utilisés pour conclure à l'équivalence mythe/science. Contre le Cercle de Vienne, un Popper avait rappelé qu'il n'est pas d'observation qui ne dépende d'une théorie. Mais le fait qu'une observation dépende d'une théorie ne signifie pas qu'elle ne soit pas objective. Tout l'argument de Hübner repose en réalité sur l'ambiguïté de l'expression « dépend de ». Supposons que je demande à quelqu'un : « Avez-vous été vous promener cet après-midi ? » et qu'il me réponde « oui ». Sa réponse dépend évidemment de ma question du simple fait qu'elle est une réponse à ma question et non à une autre. Mais le fait qu'il réponde «oui» plutôt que «non» n'en dépend évidemment pas. En revanche, si un personnage autoritaire et agressif s'adressant à un timide lui lance: «Vous n'allez tout de même pas me dire que...», la réponse négative du timide a des chances de dépendre, cette fois dans son contenu lui-même, de la question. Hübner ne fait pas la distinction.

Tout son argument est donc, lui aussi, fondé sur un *a priori* implicite: «dépend de = est affecté par». S'agit-il d'un sophisme? Il est peu vraisemblable de le prétendre. Qui a jamais eu l'énergie de mener à bonne fin la rédaction d'un livre de 500 pages à seule fin de défendre un sophisme? Il est plus simple de supposer que Hübner a été victime de l'équation linguistique que j'évoquais il y a un instant: comme elle est souvent valide, il la traite, de façon compréhensible, comme allant de soi.

Pour conclure d'un mot cette critique de la «nouvelle» sociologie de la connaissance, dont il serait facile d'appliquer les principes à bien d'autres auteurs: il n'est pas obligatoire de souscrire à la conclusion selon laquelle la science serait incapable d'atteindre à une connaissance objective. Les arguments développés par les figures emblématiques de cette «nouvelle» sociologie sont souvent justes. Ils sont généralement fondés sur des données d'observation irrécusables (comme les monographies historiques sur lesquelles s'appuient Kuhn ou Feyerabend). Mais leurs conclusions dépendent de propositions implicites que l'on n'est en aucune façon obligé d'endosser.

Non sans ironie, un autre point mérite d'être souligné: à savoir que, bien que nous ayons affaire ici à des théories «postmodernes», les éléments implicites sur lesquels repose l'argumentation d'un Kuhn, d'un Hübner ou d'un Feyerabend trahissent paradoxalement un état d'esprit «prémoderne». Les penseurs postmodernes se caractérisent surtout, nous dit Rorty, par le fait qu'ils sont attentifs aux pièges du langage[1]; la philosophie moderne, ajoute-t-il, est surtout une philosophie du *langage*, là où la philosophie «prémoderne» était une philosophie de la *représentation*. Il est vrai que les postmodernes vouent en général un

---

1. Interview *Le Monde*, 2 mars 1992.

culte au « second » Wittgenstein (1984), celui des *Philosophische Untersuchungen*, qu'ils traitent souvent comme un inspirateur. Mais, dans leurs analyses, ce qu'ils omettent de prendre en compte, c'est justement la complexité des relations entre le langage et le monde. Ainsi, ni Kuhn ni Feyerabend ne prêtent grande attention au fait que les notions de science, de progrès, etc., ne peuvent être définies de manière aussi simple que la notion de chaise.

Peut-être les philosophes-sociologues postmodernes de la connaissance scientifique ont-ils surtout redécouvert une discipline ancienne : l'histoire de la science. Ayant une tendance à l'ultra-empirisme, ils partent du principe abstrait que seul le concret tel qu'il peut être observé *hic et nunc* est réel. Cette attitude a été baptisée, par Whitehead, je crois : *the fallacy of misplaced concreteness*.

En insistant sur la fragilité des *a priori* implicites mis en jeu dans les arguments que j'ai analysés, j'ai considéré uniquement la recevabilité de ces arguments eux-mêmes. Bien sûr, les commentateurs ont insisté aussi sur la fragilité « externe » des théories proposées par la « nouvelle » sociologie de la science. Pour me limiter à un seul point : il est vrai qu'il est difficile de prendre au sérieux des théories qui ne permettent pas de rendre compte du fait que la science soit plus efficace que la magie.

La question qui se pose alors est de savoir comment des théories aussi fragiles peuvent être traitées comme des acquis scientifiques irréversibles, elles qui nient l'objectivité de la science.

Devant cette question, on éprouve facilement la tentation de baisser les bras et de recourir à une réponse irrationaliste, celle que Pareto défend dans ses moments de mauvaise humeur : les hommes croient à toutes sortes de billevesées parce que leur raison est obscurcie par ce qu'il appelle leurs « sentiments » : « l'esprit est toujours la dupe du cœur », avait déjà dit La Rochefoucauld.

En fait, on peut essayer de préciser l'analyse en partant plutôt du Pareto des bons jours.

6.3 Les raisons du succès du programme postmoderne

Le succès de la « nouvelle » sociologie de la science constitue un phénomène fascinant du point de vue de l'histoire et de la sociologie des idées. Des critiques nombreux, des philosophes des sciences (Laudan, L., 1977 ; Passmore, J. A., 1978 ; Albert, H., 1990 ; Radnitzky, G., 1990 ; Bunge, M., 1991, 1992), plus rarement des sociologues, en ont souligné les faiblesses. L'un de ces derniers (Isambert, F., 1985) rappelle justement que le « programme fort » auquel souscrit la nouvelle sociologie de la connaissance scientifique représente un retour du conventionnalisme du début du siècle. Mais les conventionnalistes à la Édouard Le Roy n'avaient jamais été jusqu'à prétendre que les mythes wagnériens sont des explications du monde aussi valides que les théories scientifiques.

Je crois que pour comprendre le succès de la « nouvelle » sociologie de la science, il faut faire appel à trois types de mécanismes : sociocognitifs, axiologiques, communicationnels.

Effets sociocognitifs

J'évoquerai d'abord des facteurs sociocognitifs généraux bien mis en évidence par plusieurs auteurs.

Scheler (1926) après Pareto (1916) et bien d'autres après eux nous enseignent que, pour venir à bout de sujets complexes, le sujet social a tendance à partir de schémas simplificateurs. Pour souligner l'importance de cette idée qui peut passer pour banale, on peut évoquer un exemple politique. La question des fonctions de l'État, des limites à assigner à ses compétences, est l'une de ces questions complexes. Il est évidemment impossible de la résoudre de façon théorique. Pourtant, toutes sortes d'acteurs, à commencer par les gouvernants, doivent avoir, de par leur fonction, « une idée sur la question ». Pour répondre à cette demande, des « théories politiques » ont été proposées. Une discipline, « la théorie politique », s'est développée : mais elle a une fonction tout autant performative que cognitive. Son rôle consiste à rappeler, à l'aide d'une argumentation aussi frappante que possible, les avantages du libéralisme dans les moments où les défauts du dirigisme deviennent évidents, ou à l'inverse ceux de l'intervention de l'État lorsque le « libéralisme » produit des effets sociaux indésirables. Ainsi, selon les conjonctures, elle contribuera à la formation, soit d'un culte du marché soit d'un culte de l'État. Elle tendra aussi à ramener un sujet d'une grande complexité au choix entre les termes d'une alternative, ou, de manière à peine moins simplificatrice, au choix d'un point sur un continuum fictif, celui qu'impliquent des expressions telles que « plus d'État », « moins d'État », « État fort », « État modeste », « État minimal », et les autres slogans qui ont été proposés à ce sujet. Ainsi, face à un problème complexe, les acteurs sociaux sont amenés à puiser dans un stock de solutions schématiques entre lesquelles ils opèrent un choix en fonction de la conjoncture.

Dans son langage, Scheler a parlé d' « essences » pour désigner ces solutions, voulant dire par là qu'elles ont une certaine intemporalité. Des « écluses » sociales, nous dit-il, ouvrent ensuite la voie à telle ou à telle solution. Avant Scheler, Pareto avait proposé un schéma semblable dans un autre langage : les hommes font face à la complexité, nous dit-il, en puisant dans des stocks de représentations (qu'il dénomme « dérivations ») plus ou moins intemporelles entre lesquels ils choisissent en fonction du contexte social et de la conjoncture. C'est ici le Pareto des bons jours qui parle : il ne propose pas une interprétation irrationnelle des croyances aux idées douteuses, mais part au contraire de l'hypothèse que les hommes ont de bonnes raisons de croire à de telles idées.

Ce modèle de Pareto-Scheler s'applique à toutes sortes de sujets. Ainsi, de belles études de sociologie de la connaissance ont montré que la politique de lutte contre la drogue avait tendance à se polariser sur deux schémas et à osciller entre eux[2] : celui de la lutte contre l'offre et celui de la lutte contre la demande. Il s'applique aussi au cas qui nous intéresse, celui de la

---

2. *Var. auct.* (1992), Political pharmacology : thinking about drugs, *Daedalus*, numéro d'été.

théorie de la connaissance. C'est d'ailleurs un exemple qu'évoquent Scheler comme Pareto. La complexité des phénomènes de connaissance incite les théoriciens à puiser dans un stock de solutions plus ou moins intemporel. Accentuant plutôt le rôle de l'expérience ou celui de la mise en forme de l'expérience, ils tendent soit vers une théorie empiriste, soit vers une théorie rationaliste de la connaissance. Pareto précise que ces solutions prennent souvent une forme binaire et qu'elles ont tendance à alterner dans le temps. Il attribue cette « oscillation » à des causes endogènes : comme ces solutions sont trop simples pour être adéquates, elles donnent prise à la critique et aux démentis du réel. Scheler insiste de son côté sur les facteurs exogènes, le choix entre les solutions préétablies se faisant surtout en fonction de la conjoncture sociale. Des idées analogues sont modulées par d'autres auteurs. Ainsi, Stark (1962) a insisté sur les balancements individualisme-holisme, mécanisme-organicisme, etc., qui caractérisent la pensée sociale et politique depuis toujours. Dans une enquête monumentale, Sorokin (1937) avait essayé de tester empiriquement des hypothèses voisines.

En résumé, la première condition pour que ce type de balancement se produise est que les solutions entre lesquelles il oscille répondent à une question objectivement ambiguë. En même temps, il faut que les différentes solutions en compétition puissent être défendues de façon crédible. Ainsi, il est vrai qu'il n'est pas de connaissance sans expérience, ni sans mise en forme de l'expérience ; ou bien, qu'il n'existe pas de société complexe sans État et pas de société où l'État prenne en charge la totalité des problèmes collectifs. Les deux thèses opposées peuvent donc facilement faire l'objet d'une argumentation. En fait, on pourrait développer l'idée –je ne le ferai pas ici– que le modèle de Pareto-Scheler généralise les célèbres « antinomies » de Kant.

Je me suis attardé sur ce modèle, non seulement parce qu'il représente une contribution importante de la sociologie de la connaissance, mais parce qu'il fournit un premier élément de réponse à la question du succès de la nouvelle sociologie de la science. La théorie de la connaissance est bien un sujet complexe. C'est pourquoi elle a produit des solutions antinomiques :

empirisme-rationalisme, mais aussi, et c'est cette dernière qui nous intéresse ici, *rationalisme-sociologisme*. Les deux termes de ce couple peuvent donner naissance à une argumentation puisqu'il est incontestable que le social imprègne la science, et aussi, que la science n'a de sens que si elle peut produire des représentations échappant aux conditionnements sociaux.

L'on peut facilement esquisser l'argumentation des uns et des autres. Celui qui veut que le social ait une influence déterminante sur les idées scientifiques signalera par exemple que les idées de l'homme de science sont souvent affectées par celles de sa génération. Il insistera sur le fait que bien des théories scientifiques comportent des connotations religieuses ou idéologiques. Il notera que le lamarckisme a été soutenu avec passion par les tenants d'un environnementalisme radical. Il relèvera que les théories physiques impliquent des choix métaphysiques, par exemple en faveur du continu ou du discontinu. Il ajoutera que la dépendance par rapport au social n'est pas moins grande dans les sciences de la nature que dans les sciences humaines.

Une argumentation sociologiste peut être développée, même dans le cas des mathématiques. Il ne s'agit pas seulement de relever que des innovations techniques (par exemple les ordinateurs) ou que la demande sociale (par exemple la météorologie) jouent un rôle de pilotage s'agissant des objectifs que se donne le mathématicien. On peut aller beaucoup plus loin et suivre un Bloor (1980) dans ses analyses des mathématiques grecques. Diophante, nous dit-il, a une conception des mathématiques très différente de la nôtre. On le voit par exemple à ce qu'il ne s'intéresse qu'aux solutions positives des équations du second degré et n'en retient qu'une quand il en existe deux. Cet exemple confirme, argumente Bloor, que la représentation qu'on se fait des mathématiques n'est pas déterminée par les mathématiques elles-mêmes. De même, si ÷2 est irrationnel pour nous comme pour les Grecs, nous n'en tirons pas la conclusion qu'ils en tiraient : que les grandeurs et les nombres appartiennent à deux univers différents. Comme l'art grec, les mathématiques grecques ne peuvent être comprises que par référence au contexte culturel dans lequel elles sont apparues, nous dit Bloor. Ces arguments sont incontestables. Ils suggèrent que la science est affectée par le social de part en part. Par passage à la limite, n'est-il pas pertinent de supposer que la sociologie est le seul mode de réflexion valide sur la science ?

Le rationaliste objecterait sans doute à Bloor que l'on peut utiliser les mêmes faits pour soutenir une conception endogéniste du développement des mathématiques. Les Grecs anciens, argumenterait-il, ne virent pas les grandeurs et les nombres comme distincts parce qu'ils étaient *grecs*, mais parce que les mathématiques étaient moins avancées de leur temps. Étant donné l'état général de cette discipline, il était peu vraisemblable que Diophante conçoive l'idée d'une théorie générale des équations. De même, en l'absence d'une théorie générale des nombres, l'idée d'une dualité entre nombres et grandeurs apparaît comme une interprétation simple et « naturelle » plutôt que proprement *grecque* de l'irrationalité de $\div 2$. En tout cas, ce n'est certainement pas l'état de la société grecque de l'époque qui peut permettre de rendre compte de cette interprétation, mais bien l'état des mathématiques d'alors. Et l'on peut gager, ajouterait sans doute le rationaliste, qu'elle eût été identique au Monomotapa, si les mathématiques y avaient été les mêmes.

Dans le langage de Mannheim, on peut donc soutenir *et* que la science est truffée de « propositions relationnelles », compréhensibles seulement à partir du contexte social dans lequel elles sont émises, *et* qu'elle n'existe que dans la mesure où elle peut établir des « propositions universelles », indépendantes de tout contexte. Il n'est donc pas surprenant de rencontrer des défenseurs des deux termes de l'antinomie : rationalistes d'un côté, conventionnalistes, sociologistes, tenants du « programme fort » de l'autre. La première raison du succès du programme fort réside donc peut-être dans le fait qu'il est aussi difficile de marquer les limites de la philosophie et de la sociologie, *i.e.* des *facteurs sociaux* et des *raisons* qui fondent l'adhésion aux théories scientifiques, qu'il l'est de dessiner les frontières idéales de l'État.

À ce point, deux questions se posent : pourquoi les partisans de chaque camp se persuadent-ils d'une solution sans nuance ? Deuxième question : pourquoi la solution sociologiste est-elle aujourd'hui dominante ?

Je ne m'attarderai pas sur la première question à laquelle j'ai déjà répondu par ce que j'ai appelé ailleurs le « modèle de Simmel » (Boudon, R., 1992). Il part de l'hypothèse que tout argument inclut, à côté d'éléments explicites, des éléments implicites : ce modèle permet dans bien des cas de comprendre facilement pourquoi le sujet connaissant se méprend sur la validité de ses propres raisonnements, ainsi que sur les conclusions qu'il est en droit d'en tirer. Simmel n'est d'ailleurs pas le seul à en avoir aperçu l'importance. Pareto (1935) a suggéré de même que des arguments peuvent apparaître convaincants au sujet lui-même, bien qu'ils ne le soient pas en réalité, parce qu'il y injecte des propositions implicites : comme lorsqu'il croit par exemple qu'il emploie le même mot avec un sens constant dans un argument, alors que ledit sens apparaît comme variable d'une proposition à l'autre. Un sociologue américain de la connaissance, De Gré (1979), a suggéré de même que l'illusion provient souvent de ce que le sujet connaissant complète ce qu'il voit par des conjectures qui passent d'autant plus inaperçues à ses propres yeux qu'elles sont plus raisonnables. Même lorsque ces conjectures sont inadéquates, il a facilement l'impression de tirer ses conclusions de la réalité elle-même.

En codifiant et en complétant ces différentes indications, on obtient un modèle puissant d'explication des illusions qui dispense d'avoir recours à des hypothèses trop fortes ou de céder aux facilités des explications irrationnelles. Je ne reviens pas sur les applications de ce modèle que j'ai évoquées il y a un instant. Il explique par exemple que Hübner tire en toute bonne foi d'arguments éculés des conclusions qu'on n'avait jamais songé à tirer : sa « preuve » de l'équivalence entre mythe et science est en effet tout entière fondée sur l'équation linguistique « dépend de = est affecté par ». Il en va de même des « preuves » de Kuhn ou de Feyerabend : la théorie feyerabendienne de l'incommensurabilité entre physique aristotélicienne et physique galiléenne est entièrement fondée sur une définition à la fois courante et contestable de l'idée de progrès ; quant à l'inéluctable subjectivisme des choix scientifiques selon Kuhn, il n'est une évidence que si l'on réduit la discussion scientifique aux arguments échangés *hic et nunc* par les protagonistes. On le voit : ces conclusions spectaculaires résultent toutes de la combinaison d'arguments explicites incontestables et d'*a priori* implicites contestables.

J'en viens maintenant à ma deuxième question : pourquoi le modèle sociologiste est-il dominant ? Les facteurs et les mécanismes que j'ai évoqués jusqu'ici permettent de comprendre pourquoi on a élaboré un modèle sociologiste de la connaissance scientifique. Des raisons cognitives de même type sont responsables de l'apparition du modèle sociologiste dans le domaine de la théorie de la connaissance, de la conception minimaliste de l'État dans le domaine politique ou de la conception organiciste de la société dans le domaine social. Ne sachant pas où faire passer la frontière, on la fait passer naturellement par la ligne la plus facilement repérable. De même, on peut comprendre que se soit développé un *balancement* sociologisme-rationalisme, exactement comme se sont formés des balancements organicisme-individualisme ou libéralisme-dirigisme.

Mais ces raisons cognitives que j'ai cherché à développer à la suite de Pareto et de Scheler n'expliquent pas pourquoi le sociologisme s'est imposé provisoirement comme une vérité d'évidence. Pourquoi, en d'autres termes, les « écluses » dont parle Scheler ont-elles, depuis une trentaine d'années maintenant, ouvert la voie surtout à ce modèle ?

Effets axiologiques

Ce qui me pousse à accorder de l'importance au schéma des écluses pour répondre à cette question, c'est une observation simple, à savoir que le scepticisme radical dont témoigne la sociologie de la connaissance scientifique d'aujourd'hui, n'est pas propre à ce domaine. On trouve le même syndrome dans le domaine de l'art, par exemple. Là aussi, la sociologie « nouvelle » part d'un programme « fort » au sens de Bloor, c'est-à-dire fondé sur une vision conventionnaliste des valeurs artistiques.

Un mot à ce sujet permet d'étayer ce qui suit. La sociologie dominante de l'art tend aujourd'hui à traiter les valeurs artistiques comme des illusions sociales, exactement comme la sociologie de la science le fait des valeurs cognitives : il ne correspondrait aux sentiments esthétiques aucun corrélat objectif. L'auteur le plus significatif de cette nouvelle sociologie de l'art, le Kuhn de la sociologie de l'art, si l'on peut dire, est peut-être H. Becker (1982). L'idée directrice de son livre, un livre qui a été justement remarqué par la qualité et la richesse de son information, est que les valeurs artistiques doivent être analysées, sur le mode conventionnaliste, comme l'effet de l'influence sociale de ces réseaux que Becker appelle les « mondes de l'art ».

Pour illustrer la théorie de Becker par un exemple peut-être moins ésotérique que ceux qu'il utilise lui-même : dans les États-Unis de l'après-guerre, Mozart est considéré comme un compositeur de moindre importance que Beethoven. Ce ne serait sans doute plus le cas aujourd'hui. Cette variabilité et cette réversibilité des valeurs esthétiques sont la preuve, selon Becker, qu'elles doivent être tenues pour des phénomènes d'opinion et de croyance. En bon maître du soupçon qu'il est, il ajoute que les groupes influents ont en même temps la capacité de faire passer auprès du public leurs propres valeurs pour des valeurs objectives. La sociologie se trouve ainsi investie d'un pouvoir de démystification. Toutes ces propositions ont bien leur équivalent dans la sociologie postmoderne de la science. Les « mondes de l'art » sont la mesure de toutes choses, nous dit Becker, comme le sont les « mondes de la science » selon Kuhn. Becker ne se satisfait pas, comprenons-le, d'indiquer que Sony ou Leonard Bernstein ont le pouvoir d'influencer la vente des disques de Mozart ou de Mahler : une proposition acceptable. Ils auraient aussi le pouvoir de fixer la valeur de Mozart ou de Mahler *hic et nunc*. À quoi on peut objecter que les mondes de l'art échouent fréquemment à faire reconnaître leurs propres valeurs. Ainsi, malgré leur influence, il n'est pas sûr que la musique de Boulez ait réussi à émouvoir qui que ce soit. Peut-être pour une raison *objective*: parce qu'il n'est pas de la nature de l'oreille musicale d'être « spéculative » (Minger, P.-M., 1986).

Tout comme les sociologues des sciences, Becker présente, lui aussi, l'anthropologie comme la reine des sciences : les mondes de l'art doivent s'analyser comme des tribus et leurs croyances, comme celles des Azande.

On peut sans difficulté adresser à cette sociologie de l'art de sérieuses objections *internes* (concernant la recevabilité des propositions constituant la théorie) et *externes* (concernant sa congruence avec le réel), parallèles à celles que j'ai esquissées dans le domaine de la sociologie de la science. La nouvelle sociologie de l'art est par exemple impuissante à expliquer le fait irrécusable que représente l'existence des « classiques » ; de cette catégorie elle-même, comme des éléments qui la peuplent. Il s'agit d'un phénomène pourtant aussi essentiel que celui de la supériorité technique de la science sur la magie. Pas plus que la nouvelle sociologie de la science ne nous permet de rendre compte du second, la nouvelle sociologie de l'art ne nous permet de comprendre le premier. Elle est, en d'autres termes, incapable d'expliquer pourquoi Ibsen, Shakespeare, Molière ou Beethoven sont solidement installés au répertoire. L'on peut bien sûr en produire une explication simple, à savoir : 1) que ces auteurs ont écrit des pages qui ont un pouvoir *objectif* de susciter des émotions chez ceux qui sont préparés à les écouter ; et 2) qu'ils ont créé des entités du « troisième monde » dont l'originalité peut être démontrée. Mais il n'est pas question pour la sociologie de l'art d'accepter cette explication : ce serait en effet revenir aux illusions objectivistes de la prémodernité.

Je pourrais esquisser un développement analogue sur la morale et le droit. Ici aussi, il existe une sociologie « nouvelle » qui développe une vue conventionnaliste de la morale à partir de démonstrations qui recourent souvent aux mêmes schémas argumentatifs que les théories postmodernes de la science et de l'art. Bloor (1980), que j'ai plusieurs fois évoqué, suggère lui-même ce rapprochement : les certitudes morales, tout comme les certitudes scientifiques, doivent toujours être analysées comme des croyances collectives explicables par le contexte dans lequel elles apparaissent, nous dit-il. Ainsi, l'acte de tuer est selon la conjoncture et le contexte considéré ou non comme un meurtre. Cette variabilité suffirait à montrer que les valeurs morales doivent être traitées comme des *folkways*, illusoirement perçues comme ayant une valeur « universelle ». Cet argument sceptique n'a bien sûr rien de nouveau, lui non plus.

Bloor apparaît ici, lui aussi, comme peu sensible à la complexité de la relation entre le langage et le monde : ce n'est dans aucune société l'acte de tuer en lui-même qui définit le meurtre, mais l'acte de tuer à certaines fins et selon certaines modalités un individu muni du statut de « personne » (plutôt par exemple que d' « ennemi »). D'où il résulte que la définition de la notion de meurtre est au minimum aussi complexe que celle de personne elle-même (laquelle n'est pas simple comme le montrent par exemple les débats contemporains sur la question de savoir à quel moment l'embryon devient une « personne »).

Cette convergence entre la sociologie de l'art, la sociologie de la morale et la sociologie de la science suggère que le scepticisme de cette dernière est peut-être, dans une certaine mesure, la manifestation de ce scepticisme général. Ce qui me permet d'élargir la question que je posais plus haut et de la formuler : *pourquoi les « écluses » de Scheler favorisent-elles le scepticisme radical, s'agissant aussi bien de la science que de l'art et de la morale ?*

À ce point de mon analyse, j'utiliserai un autre modèle, proposé par Tocqueville et repris depuis, souvent à leur insu, par de nombreux auteurs[3]. Il nous dit que le sujet social adhère à certaines croyances parce qu'elles lui permettent de rendre cohérentes entre elles d'une part des propositions irrécusables (par exemple des propositions de fait), d'autre part des valeurs qu'il perçoit comme fondamentales. Ce modèle est souvent utilisé par Tocqueville dans les passages de la seconde *Démocratie en Amérique* relevant de la sociologie de la connaissance : des théories tendent à être acceptées lorsqu'elles sont congruentes avec les « passions générales et dominantes », explique-t-il. Ainsi, dans une société « démocratique » (au sens de Tocqueville), l'égalité est une valeur fondamentale. En conséquence, les théories conduisant à la conclusion par exemple que toutes les opinions doivent être respectées et traitées sur une base égalitaire, voire considérées comme

---

3. Comme Rescher (1976), les théoriciens de la « dissonance cognitive », de la « centration », des *cross-pressures*, etc.

équivalentes, tendent à être l'objet d'une attention sélective et à être retenues en priorité.

La théorie des « dérivations » de Pareto peut être assimilée au même modèle. La cause réelle des illusions doit être recherchée du côté des « sentiments », nous dit-elle. On peut au premier degré, comme je l'ai fait plus haut, interpréter cette proposition comme traduisant une adhésion de Pareto à l'explication irrationnelle des croyances. Mais ce serait se méprendre sur la complexité de sa notion de « sentiment ». En effet, on peut plus pertinemment rapprocher les « sentiments » de Pareto des « passions générales et dominantes » de Tocqueville et y voir plutôt des *jugements de caractère axiologique* traités par le sujet social comme fondamentaux. Les « dérivations », les croyances secondaires seraient filtrées en fonction de leur degré de cohérence avec ces croyances premières, et notamment avec ces croyances axiologiques (Bouvier, A., 1992).

Ce modèle explique peut-être dans une large mesure pourquoi les théories sceptiques sont si facilement accueillies aujourd'hui. Comme elles proposent de considérer toutes les valeurs et toutes les vérités comme « locales », elles apparaissent facilement comme compatibles avec les valeurs égalitaires des sociétés modernes. S'il existe seulement des *ethnovérités*, si la méthodologie est toujours *ethnométhodologie*, les valeurs reconnues par telle culture, par telle sous-culture et à la limite par tel individu peuvent légitimement être tenues pour valides. Certains, poussant cette logique à son terme, défendent même l'idée d'une science privée[4]. Ils ne font après tout par là que tirer les conséquences de la théorie de Tocqueville, selon laquelle le scepticisme est la seule philosophie capable de réconcilier le fait que les opinions apparaissent souvent comme contradictoires avec la valeur dominante de l'égalité dans les sociétés modernes. Seul le scepticisme du « tout est bon » permet d'accorder une égale valeur à la « poussière d'opinions » qui, selon Tocqueville, caractérise les sociétés « démocratiques ». Si cette conjecture, qui fait du scepticisme la

---

4. *Privatwissenschaft*, dit Eberlein (1989) à propos de l'affaire Velikovsky.

philosophie naturelle des sociétés modernes, paraît trop audacieuse, on peut l'interpréter sur le mode mineur et la formuler : *dans les sociétés modernes, les théories légitimant le scepticisme peuvent espérer trouver une oreille attentive auprès de toutes sortes de publics.*

Ce modèle explique, je crois, bien des *success stories* recensées par l'histoire contemporaine des idées : il explique par exemple comment un Foucault a pu réaccréditer le cliché romantique selon lequel la vérité parle par la bouche de la folie ou la conjecture pirandellienne selon laquelle chaque ère historique aurait sa vérité. Comme le dit Pareto, les théories peuvent être *vraies* sans être *utiles* et réciproquement. Bien que contestables, les théories postmodernes sont « utiles » au sens où elles proposent des visions du monde compatibles avec les valeurs fondamentales des sociétés modernes. De surcroît, en présentant le scepticisme radical comme « scientifiquement démontré » (par la nouvelle sociologie) et non plus comme une philosophie parmi d'autres, elles lui confèrent un supplément d'autorité puisque, quoi qu'en ait la nouvelle sociologie de la science, la connaissance scientifique est perçue, depuis le désenchantement du monde, comme la forme la plus fiable du savoir.

Mais pourquoi l'égalité est-elle une valeur dominante ? Pourquoi contrôle-t-elle les « écluses » de Scheler ? Il n'y a pas lieu d'aller chercher bien loin la réponse à cette question. Il est aisément compréhensible (au sens wébérien de ce terme) que ceux qui se considèrent comme les gardiens des valeurs démocratiques perçoivent les inégalités entre groupes et entre nations comme le problème axiologique le plus visible auquel soit confronté le monde moderne. Faisant preuve d'une impatience cocasse, un essayiste, F. Fukuyama (1992), a naguère annoncé la fin de l'histoire. Cela est vraisemblable, s'il faut entendre par là que les grands débats sur les avantages du socialisme d'État sont clos. Mais, en raison de la contradiction profonde des « inégalités de départ » avec les valeurs démocratiques, l'histoire a toutes chances de rebondir sur d'autres thèmes. Elle continuera tant que le futur d'un individu dépendra étroitement de son origine sociale, et aussi de son origine *géographique* : l'intensification des échanges, la généralisation de la reconnaissance des droits des groupes minoritaires, la « densité » (pour parler comme Durkheim) des relations directes entre groupes et maints autres facteurs ont en effet abouti à constituer aujourd'hui en « problème » les « inégalités de départ » entre nations, entre cultures et entre sous-cultures, au même titre que les inégalités de départ entre classes. Cette influence de l'*ascription* est normalement ressentie comme illégitime. Ce « sentiment » explique l'attraction de bien des théories, et en premier lieu des innombrables avatars du marxisme (Boudon, R., 1989). Aujourd'hui, le marxisme est réputé mort, mais l' « écluse » qui laisse passer de préférence les théories congruentes avec ce rejet de l'ascription est toujours ouverte. C'est pourquoi toute théorie tendant à légitimer l'égalité des cultures et sous-cultures tend à être traitée avec faveur.

La prééminence conférée à l'anthropologie par la nouvelle sociologie de la connaissance scientifique s'explique facilement, elle aussi, par ce modèle d'inspiration tocquevillienne. Selon une manière de voir courante sinon dominante parmi les anthropologues, les cultures doivent en effet être conçues comme des totalités incommensurables, ne pouvant être hiérarchisées. S'il y a seulement des *ethnovérités* et des *ethnovaleurs,* éthique, esthétique et épistémologie peuvent être traitées comme des illusions.

C'est peut-être pour la même raison que la coexistence pacifique qui avait prévalu pendant des siècles entre l'*histoire* de la science (de la morale et de l'art) et la *philosophie* de la science (de la morale et de l'art) apparaît aujourd'hui comme brisée. L'intérêt et la légitimité de l'un et l'autre de ces « points de vue » avaient été reconnus depuis toujours. La nouveauté de la nouvelle sociologie de la science (comme de la morale et de l'art) réside dans le fait qu'elle propose, pour la première fois peut-être, de réserver au point de vue « historique » le monopole de la légitimité. Sans doute cet « historicisme » illustre-t-il un mouvement de pensée classique. Mais c'est la première fois qu'il est appliqué à la science de façon aussi radicale. Les deux points de vue sont peut-être devenus ennemis parce que, dans la conjoncture intellectuelle présente, le point de vue « historique », s'il n'est pas plus « vrai », est plus « utile ».

En dehors de cette conjecture issue en droite ligne de Tocqueville, d'autres, moins importantes, contribuent à expliquer que les écluses schélériennes favorisent le scepticisme radical sur lequel débouche la nouvelle sociologie de la connaissance scientifique. Ainsi, la négation de la valeur du savoir, le principe du «tout est bon», peut avoir un intérêt «fonctionnel» pour des systèmes d'enseignement en croissance rapide (Hirschhorn, M., 1992). Si le savoir est dévalorisé, si toute connaissance se réduit à une interprétation provisoire et toujours contestable, il est plus facile de faire des qualités pédagogiques le critère principal d'appréciation de l'enseignant: peu importe qu'il enseigne quelque chose ou que ce qu'il enseigne soit juste ; il faut surtout que «le courant passe». Il est superflu d'insister sur l'«utilité» de ce pédagogisme. «Utilité» politique: il permet de légitimer un recrutement peu regardant du personnel enseignant pour faire face aux besoins quantitatifs de l'enseignement de masse. «Utilité» corporative: il facilite la mobilité du personnel enseignant. La dévalorisation de la science (et de la technique) est également congruente avec l'«antihumanisme» qui caractérise d'importants mouvements sociaux d'aujourd'hui, comme l'«écologie profonde», un mouvement selon lequel il importerait de répudier le système de valeurs centré sur l'homme que nous a légué le rationalisme classique (Ferry, L., 1992).

Tous ces processus confèrent à une dévaluation de la science une «utilité» sociale. Ils indiquent qu'il existe un public ou plutôt des publics bigarrés pour la «nouvelle» sociologie de la science. Ils contribuent à maintenir grande ouverte l'«écluse» par laquelle s'engouffrent les théories irrationalistes. Ainsi, l'«écologie profonde» ne peut qu'accueillir avec reconnaissance une théorie «démontrant» l'incapacité de la science à atteindre l'objectivité.

Effets de communication

J'en viens à un dernier point. Les théories de la nouvelle sociologie de la connaissance scientifique ont été abondamment critiquées. Mais ces critiques ne sont pas diffusées. Elles sont au contraire restées confinées aux cercles étroits des philosophes et des sociologues des sciences. Elles ont peu contribué à éroder l'influence des vues postmodernes sur la science, la vérité et l'objectivité. Pourquoi ? Voici, sommairement esquissée, la réponse qu'on peut donner à cette question.

Pareto (1935) a écrit que l'histoire des sciences est l'histoire de toutes ces idées fausses auxquelles la plupart des gens ont cru sur la foi de ces « experts » que sont les savants. Selon Tocqueville, nous ne pouvons tester par nous-mêmes qu'un petit nombre des questions sur lesquelles la vie sociale nous impose d'avoir une opinion : « Il n'y a pas de si grand philosophe au monde, écrit-il, qui ne croie un million de choses sur la foi d'autrui » (Lamberti, J.-C. et Mélonio, F., 1986, p. 433). Pour le reste, nous devons faire confiance aux experts. Or, il est clair qu'un Kuhn, un Hübner ou un Bloor ont tous les titres à être perçus comme des experts. Non seulement sont-ils tous trois d'illustres sociologues des sciences, mais ils peuvent faire état d'une formation voire d'une pratique scientifique de haut niveau.

À ce premier effet de communication vient s'en ajouter un autre. Les réseaux de communication ne mettent pas directement en relation les « experts » avec les acteurs sociaux de bout de chaîne (Boudon, R., 1989). L'homme du commun ne reçoit pas ses informations sur la physique ou l'économie, disons, directement des « experts » eux-mêmes, mais des médias (Boudon, R., 1990). Or, dans certains cas, ce processus de médiation produit d'importantes distorsions. Supposons par exemple que deux théories incompatibles entre elles soient soutenues par des membres d'une « communauté scientifique ». En règle générale, les médiateurs n'auront évidemment pas la compétence leur permettant de trancher entre elles. Ils essaieront alors, de façon plus ou moins consciente, de repérer des filtres acceptables leur permettant de choisir pour l'une ou pour l'autre. Pour revenir à une comparaison familière, eux aussi manipuleront des « écluses ». Ainsi, si les médiateurs perçoivent les partisans de T_1 comme plus « modernes » ou plus « nouveaux » que ceux de T_2, ils tendront à diffuser T_1. Ce facteur joue sans doute un rôle essentiel dans le cas qui nous occupe. Bien des médiateurs sentent de manière plus ou moins diffuse que la « nouvelle » sociologie des sciences est congruente avec des valeurs fondamentales. Ils constatent d'autre part que, de Kuhn à Feyerabend et à leurs successeurs, elle va toujours dans le sens d'un renforcement du scepticisme. Ils en concluent que c'est de ce côté que souffle le vent de l'histoire et ont tendance à reléguer les objections qui leur sont opposées au rang de discussions entre bonnets carrés.

6.4 Qu'en sera-t-il demain ?

Sommes-nous voués au postmodernisme ? Les postmodernistes en général et les sociologues des sciences postmodernistes en particulier nous l'assurent. Car, bien qu'ils nient le progrès, ils se voient eux-mêmes comme représentant la fin de l'histoire : comme les « déconstructeurs » de toutes ces disciplines traditionnelles qui croyaient abusivement que les sentiments du vrai, du juste ou du sublime pouvaient représenter autre chose que des illusions sociales (Welsch, W., 1990). Bien des forces sociales, et notamment celles qu'a décrites Tocqueville, jouent en faveur du scepticisme radical défendu par le postmodernisme. Mais, en même temps, les faiblesses des théories postmodernes jouent puissamment contre elles. En outre, si le scepticisme radical est fonctionnel du point de vue de certains intérêts particularistes ou corporatistes, il ne l'est pas d'un point de vue collectif. Enfin, dernier avatar de l'avant-gardisme, la « nouvelle » sociologie de la connaissance scientifique devrait être frappée par l'obsolescence devenue générale aujourd'hui de l'idée d'avant-garde.

Si j'avais à émettre une prédiction, je dirais que le postmodernisme appartiendra sans doute bientôt au passé. Il n'a pas été sans apport du point de vue de la réflexion sur la connaissance scientifique : il a heureusement contribué à nuancer l'image de la science. Mais, conformément au modèle de Pareto, il a poussé le balancier trop loin. L'on peut gager que son statut sera bientôt celui d'un épisode beaucoup plus de l'histoire des idées que de l'histoire de la connaissance.

Finalement, le principe fondamental de la « nouvelle » sociologie de la connaissance –les théories scientifiques ne sont pas vraies ou fausses, mais utiles ou non– s'applique peut-être principalement à elle-même.

CONCLUSION

Alain Massot

Une axiomatique constitue un système organisé d'énoncés dont les conséquences sont soumises à l'épreuve de validation. C'est l'ensemble du système qui passe l'épreuve et non l'une ou l'autre de ses propositions. Sa force réside dans son potentiel explicatif, c'est-à-dire dans sa capacité à rendre compte de faits observables et, mieux encore, à éclairer des phénomènes encore égnigmatiques et à résoudre des paradoxes laissés à la traîne de théories précédentes. À cet égard, l'axiomatique de l'inégalité des chances se révèle particulièrement puissante. Elle explique mieux l'ampleur, la constance, voire l'augmentation des inégalités scolaires et sociales dans les sociétés dites modernes, et ce, en dépit des sommes considérables investies dans les processus éducatifs. Elle répond aussi de manière plus adéquate aux multiples autres paradoxes qui résultent de la logique de l'action collective : effets de composition ou d'agrégation, effets pervers ou non voulus... C'est en considérant ses implications sur les plans de la méthode, de la théorie et de l'analyse paradigmatique que se dégage la grande consistance de cette axiomatique : une innovation méthodologique théorique et scientifique qui est aussi une définition « révolutionnaire » de l'objet sociologique selon les termes de Charles-Henri Cuin. Reprenons-la telle que forgée par Raymond Boudon :

1. Les systèmes scolaires des sociétés modernes sont divisés en réseaux (ils ne sont ni unifiés ni homogènes).

2. Les systèmes scolaires sont structurés de sorte qu'il existe des points de bifurcations stratégiques pour les acteurs sociaux (les élèves et/ou leurs parents).

3. Il existe une relation entre l'origine sociale et les résultats scolaires, particulièrement au début de la scolarité. Les effets d'inégalité d'héritage culturel tendent à disparaître aux niveaux plus avancés du cursus scolaire.
4. Des choix décisionnels de scolarisation se posent selon des facteurs de coûts, de risques d'échec et de bénéfices anticipés relatifs à la position sociale d'origine (postulat de la rationalité des acteurs).
5. Ces choix décisionnels individuels engendrent des effets non voulus (effets pervers) résultant de leur agrégation (loi sociologique de l'action collective).
6. Dans le système d'éducation, ces effets non voulus se traduisent notamment par :
   - le maintien, sinon l'augmentation, de l'inégalité des chances (paradoxe d'Anderson) ;
   - l'abandon scolaire massif ;
   - l'inflation des diplômes (surqualification) ;
   - la dévalorisation des diplômes (déqualification) ;
   - l'augmentation des chômeurs diplômés ;
   - les contraintes structurelles d'insertion socioprofessionnelles...
7. Le modèle d'analyse de l'inégalité des chances repose sur la dissociation relative entre :
   - le processus d'offre de compétence créé par les stratégies individuelles de scolarisation et par le système scolaire ;
   - le processus de demande de compétence créé par l'état de l'économie et par l'État.
8. L'offre de compétence et la demande de compétence ne relèvent pas des mêmes processus de détermination. Aussi, deux paradigmes sont à l'œuvre dans le modèle axiomatisé de l'inégalité des chances :
   - L'*individualisme méthodologique* pour la théorie de la scolarisation ;

- l'*analyse systémique* pour l'analyse des rapports entre les processus de scolarisation et la mobilité sociale.

Le modèle axiomatique de l'inégalité des chances présuppose quatre ruptures épistémologiques :
- l'abandon du finalisme inhérent au modèle méritocratique ;
- l'abandon du modèle économiste de l'ajustement de l'offre et de la demande de compétence ;
- le rejet du modèle pur et simple de la reproduction sociale ;
- le rejet de la tradition empiriste du langage factoriel.

En corollaire, il est possible de trouver dans les règles de la sociologie classique des éléments explicatifs aux avatars de la sociologie contemporaine de l'inégalité des chances caractérisant les sociétés modernes.

*
* *

C'est à Condorcet que l'on doit d'avoir vu le premier les contradictions inhérentes (les effets pervers, dirait-il aujourd'hui probablement) au principe juridique de l'égalité de droit à l'éducation. Ainsi raisonne Condorcet : l'instruction est un droit, de sorte qu'aucune personne ne vive dans une relation de dépendance. L'école doit enseigner en priorité ce qu'aucune autre institution ne peut transmettre plus adéquatement. De plus, l'instruction est universelle, gratuite, laïque, mixte et aussi complète que possible sans refuser à quiconque l'instruction la plus élevée. Ce principe d'accessibilité universelle ne signifie nullement l'égalité au sens d'équilibre statistique, pas plus que l'égalité au sens de nivellement par le bas. Autrement dit, le principe de l'égalité de droit à l'instruction contient en lui même une contradiction parce qu'il crée inévitablement une inégalité, plus précisément, une différence. Condorcet résout le paradoxe de la façon suivante : le vecteur premier de l'instruction vise l'émancipation des citoyens. Néanmoins, les différences de motivations, d'aptitudes, de compétences... étant incontournables, le deuxième vecteur consiste à faire en sorte que les connaissances acquises dans le cadre de l'institution scolaire publique bénéficent à l'ensemble de la société. Voilà des enjeux que Condorcet, le premier penseur révolutionnaire des systèmes scolaires modernes, avait parfaitement anticipés et qui demeurent toujours aussi cruciaux.

Quelles en sont les conséquences au niveau des politiques scolaires et sociales ? Je reprends le mot de Raymond Boudon : faire l'inverse de ce que l'on raconte, c'est-à-dire sortir de la mentalité affairiste et clientéliste qui mine l'École publique au nom d'un pédagogisme opportuniste. Mais il s'agit d'un autre problème. Nous ne voulions que souligner l'intérêt d'une formalisation de la question de l'inégalité des chances dans les sociétés modernes et faire voir ses implications méthologiques, théoriques et paradigmatiques.

Microlexique de l'individualisme méthodologique*

1. Cadre général

1.1 Le concept d'*individualisme* a trois acceptions reconnues :
- en tant que *fait social* ;
- en tant que jugement moral ;
- et en tant que méthode.

Les définitions et les principes qui suivent ne concernent que le troisième sens référant à une méthode générale de l'analyse sociologique nommée *l'individualisme méthodologique*.

1.2 *De manière générale, on dira qu'on a affaire à une méthodologie individualiste lorsque l'existence ou l'allure d'un phénomène, ou lorsque la relation entre un phénomène P et un phénomène P' sont explicitement analysées comme une conséquence de la logique du comportement des individus impliqués par ce ou ces phénomènes.*

1.3 *S'agissant de la sociologie classique, il est possible de reconnaître dans l'œuvre de Condorcet, Tocqueville, Marx, Weber, Sombart, Simmel, Pareto, Merton, Lazarsfeld..., une adhésion étroite à cette approche et à la conception de l'explication qu'elle résume... Ils ont tous indiqué les moyens de faire concourir dans une analyse de caractère scientifique à la fois les contraintes produites par les systèmes sociaux et l'autonomie des acteurs.*

1.4 *L'individualisme méthodologique s'oppose aux approches holistes telles que l'hyperfonctionnalisme, l'hyperculturalisme, le réalisme totalitaire et le structuralisme.*

---

* Ce microlexique est tiré de l'œuvre de Raymond Boudon.

2. Définitions

2.1 Sous-systèmes

Aujourd'hui, on a tendance à se représenter plutôt les sociétés comme des réseaux complexes de sous-systèmes entretenant entre eux des liaisons plus ou moins lâches et mouvantes... Par exemple, celui du marché de l'éducation. Il s'agit d'un système, car le comportement de chaque demandeur d'éducation peut avoir des effets sur tous les autres... Le choix de chaque individu n'a bien entendu qu'un effet marginal négligeable. Mais l'ensemble de ces choix engendre des effets d'agrégation ou de système.

2.2 L'analyse fonctionnelle et les systèmes d'interaction. *Dans le cas des systèmes fonctionnels..., la notion de rôle revêt une importance majeure. Elle peut être définie comme caractérisant l'ensemble des normes auxquelles le tenant d'un rôle est censé souscrire.*

2.3 *Le concept « interaction » désigne la relation réciproque entre deux ou plusieurs actions. Un système de rôles illustre le concept d'interaction.*

2.4 *Variance des rôles, ambivalence des normes qui « définissent » les rôles, caractère composite de certains rôles et interférences entre rôles constituent quatre phénomènes essentiels pour le sociologue. Leur existence introduit dans les systèmes de rôles un jeu suffisant pour que l'existence d'une dimension stratégique soit toujours garantie (de nombreuses catégories de choix, d'actions et de décisions... ne peuvent être analysées dans la catégorie de rôles ; l'analyse fonctionnelle ne réduit pas au fonctionnalisme).*

2.5 Système d'interdépendance

Nous appellerons systèmes d'interdépendance les systèmes d'interaction où les actions individuelles peuvent être analysées sans référence à la catégorie de rôles.

2.6 *Un effet émergent (de composition, non voulu ou pervers) se dit d'un effet qui n'est pas explicitement recherché par les agents d'un système et qui résulte de leur situation d'interaction ou d'interdépendance.*

2.7 *Un effet émergent peut prendre la forme d'un effet de renforcement, de renversement, de contradiction, d'innovation ou de stabilisation.*

2.8 *L'effet pervers n'est qu'une des figures de l'émergence.*

2.9 *On peut dire qu'il y a effet pervers lorsque deux individus (ou plus) en recherchant un objectif donné engendrent un état de choses non recherché et qui peut être indésirable du point de vue de chacun des deux, soit de l'un des deux.*

3. Les principes appliqués à l'analyse du changement social

3.1 *L'analyse se propose d'expliquer un phénomène du point de vue d'un système d'interaction ou d'interdépendance.*

3.2 *Ce phénomène est traité comme un phénomène résultant du comportement des agents du système.*

3.3 *Ce phénomène ne résulte pas des intentions des acteurs et il est traité comme un phénomène émergent.*

3.4 *Le comportement des individus a le statut d'actions orientées.*

3.5 *Appliqué au changement social, même au niveau macrosociologique, ce phénomène n'est intelligible que si l'analyse descend jusqu'aux agents ou acteurs sociaux les plus élémentaires composant les systèmes d'interdépendance auxquels il s'intéresse.*

3.6 *Les principes renvoient donc aux notions de logique d'action d'interaction, d'interdépendance, de logique de situation, de système et d'effets émergents.*

3.7 *Les processus de changement peuvent être reproductifs, cumulatifs, de transformation. Ces processus remplacent la notion de « loi de l'histoire ».*

3.8 *Ces principes n'excluent ni n'impliquent aucun modèle microsociologique particulier. Ils recommandent seulement de rechercher le sens pour le sujet dans la situation qui est la sienne de son action,* en d'autres termes *la valeur adaptive de cette dernière. Ils n'impliquent aucun* atomisme, *puisqu'ils n'excluent en aucune façon les phénomènes relationnels comme l'influence et l'autorité, et qu'ils insistent pour que le comportement de l'acteur soit compris par rapport à une situation, elle-même partiellement déterminée par des variables microscopiques.*

4. Quatre règles méthodologiques

4.1 *Se garder d'expliquer les phénomènes sociaux par les exigences supposées et souvent imaginaires de la « totalité » dont relèvent ces phénomènes.*

4.2 *Éviter les théories générales qui prétendent tirer de quelques propositions réputées « évidentes » des conséquences universellement applicables.*

4.3 *Expliquer le comportement (les attitudes, les croyances, etc.) de l'acteur, c'est mettre en évidence les « bonnes raisons » qui l'ont poussé à adopter ce comportement tout en reconnaissant que ces raisons peuvent, selon le cas, être de type utilitaire ou téléologique, mais aussi bien appartenir à d'autres types.*

4.4 *Traiter les faits sociaux comme des phénomènes d'agrégation ou de composition résultant de la rencontre d'actions individuelles.*

Références bibliographiques

ALBERT, Hans, « Der Mythos des Rahmens am Pranger », *Zeitschrift für philosophische Forschung*, 44, 1, 85-97, 1990.

ALBERT, Hans, *Traktat über kritische Vernunft*, Tübingen, J. C. B. Mohr, 1975.

ANDERSON, C. Arnold, « A Skeptikal Note on Education and Mobility », in A. H. Halsey, J. Floud et C. A. Anderson (Ed.), *Education, Economy and Society*, New York, The Free Press, 1961, p. 164-179.

ASSOGBA, Yao, La sociologie de Raymond Boudon. Essai de synthèse et applications de l'individualisme méthodologique, Québec et Paris, PUL et L'Harmattan, 1999, 322 pages.

BARNES, Barry, *Interest and the Growth of Knowledge*, Londres, Routledge & Kegan Paul, 1977.

BAUDELOT, Christian et Roger ESTABLET, *L'école capitaliste en France*, Paris, Maspéro, 1971.

BAUDELOT, Christian et Roger ESTABLET, *L'école primaire divise*, Paris, Maspéro, 1975.

BECKER, Howard Saul, *Art Worlds*, Berkeley, University of California Press, 1982, traduction française, *Les mondes de l'art*, Paris, Flammarion, 1988.

BÉLAND, François, « *ANOMHI, un programme d'un langage APL-SVA pour l'étude des tableaux de contingence multivariés* », (miméo.), ASOPE, 1978.

BÉLAND, Paul, *Les échantillons d'ASOPE*, (miméo.), 1978.

BÉLANGER, Pierre W. et Guy ROCHER, « Le projet de recherche : études des aspirations scolaires et professionnelles des étudiants (ASOPE) », *L'orientation professionnelle*, 8 (2), 1972, p. 114-127.

BEN DAVID, Joseph et A. ZLOCZOWER, « Universities and academic systems in modern societies », *Archives européennes de sociologie*, III, 45-62, 1962.

BENETON, Philippe, « Discours sur la genèse des inégalités dans les sociétés occidentales contemporaines », *Revue française de science politique*, XXV, 1, 1975, p. 106-122.

BERTAUX, Daniel, *Destins personnels et structure de classe*, Paris, P.U.F., 1977.

BERTAUX, Daniel, « Pour sortir de l'ornière néopositiviste », *Sociologie et Société*, 1976, 8 (2), 119-133.

BISSERET, Noëlle, *Les inégaux ou la sélection universitaire*, Paris, P.U.F., 1974.

BLOOR, David, *Knowledge and Social Imagery*, Londres, Routledge & Kegan Paul, 1980, traduction française, *Sociologie de la logique*, Paris, Pandore, 1982.

BLOOR, David, « Wittgenstein and Mannheim on the sociology of mathematics », *Studies in History and Philosophy of Science*, 4, 2, 173-191, 1973.

BOUDON, Raymond (avec Maurice CLAVELIN), *Le relativisme est-il résistible ? Regards sur la sociologie des sciences*, Paris, P.U.F., 1994.

BOUDON, Raymond et François BOURRICAUD, *Dictionnaire critique de la sociologie*, Paris, P.U.F., 1982, 4ᵉ édition, 1994.

BOUDON, Raymond, « Comment écrire l'histoire des sciences sociales », *Communications*, 54, 299-317, 1992.

BOUDON, Raymond, *L'art de se persuader*, Paris, Fayard et Seuil, « Points », 1992.

BOUDON, Raymond, « Les intellectuels et le second marché », *Revue européenne des sciences sociales*, 28, 87, 89-103, 1990.

BOUDON, Raymond, *L'idéologie, ou l'origine des idées reçues*, Paris, Fayard, « Points », 1989.

BOUDON, Raymond, *L'inégalité des chances*, Paris, Armand Colin, 1973, nouvelle édition, Hachette, collection Pluriel, 1985.

BOUDON, Raymond, *La logique du social*, Paris, Hachette, 1979.

BOUDON, Raymond, *Effets pervers et ordre social*, Paris, P.U.F., 1977.

BOUDON, Raymond, « Les statistiques peuvent-elles donner une image réelle de la réalité sociale ? », *Sociologie et Société*, 8 (21), 141-187, 1976.

BOUDON, Raymond, « Éducation et égalité », *Orientations*, 54, 1975a, p. 135-149.

BOUDON, Raymond, *Remarques sur la logique de la demande d'éducation, explications culturalistes et explications néo-individualistes*. Communication préparée pour la réunion du Comité de recherche sur la stratification sociale de l'Association internationale de sociologie, Genève, 1975b.

BOUDON, Raymond, *Education, Opportunity and Social Inequality : Changing Prospects in Western Society*, Foreword by Seymour M. Lipset, New York, Wiley, 1974a (version anglaise de R. Boudon, *L'inégalité des chances*, 1973).

BOUDON, Raymond, « La sociologie des inégalités dans l'impasse ? En marge du livre de Christopher Jencks : *Inequality* », *Analyse et Prévision*, XV, 1, 1974b, p. 83-95.

BOUDON, Raymond, *La crise de la sociologie*, Genève, Droz, 1971.

BOUDON, Raymond, « Éléments pour une théorie formelle de la mobilité sociale », *Quality and Quantity*, V, 1, 1971, p. 39-85.

BOUDON, Raymond, « Essai sur la mobilité sociale en Utopie », *Quality and Quantity*, IV, 2, 1970, p. 213-242.

BOUDON, Raymond et Jean-Pierre GRÉMY, *Les modèles en sociologie*, Paris, Lemtas (Université René-Descartes), s.d.

BOUDON, Raymond et Paul LAZARSFELD, *L'analyse empirique de la causalité*, Paris-La Haye, Mouton et Co, 1966.

BOURDIEU, Pierre et Jean-Claude PASSERON, *Les Héritiers*, Paris, Éditions de Minuit, 1964.

BOURDIEU, Pierre, Luc BOLTANSKI et Monique de SAINT-MARTIN, « Les stratégies de reconversion, les classes sociales et le système d'enseignement », *Informations sur les sciences sociales*, 12 (5), 1973, p. 61-113.

BOURDIEU, Pierre, *La reproduction ; éléments pour une théorie du système d'enseignement*, Paris, Éditions de Minuit, 1970.

BOURDIEU, Pierre, « Classement, déclassement, reclassement », *Actes de la recherche en sciences sociales*, 24, nov. 1978, p. 2-22.

BOURRICAUD, François, « Contre le sociologisme : Une critique et des propositions », *Revue Française de Sociologie*, 1975, *16*, supp., 583-603.

BOUVIER, Alban, *L'argumentation philosophique : études de sociologie cognitive*, thèse de doctorat, Université Paris-Sorbonne, 1992.

BOWLES, Samuel et Herbert GINTIS, *Schooling in Capitalist America*, New York, Basic Books, 1977.

BUNGE, Mario, « A critical examination of the new sociology of science », *Philosophy of the Social Sciences*, Vol. 21, n° 4, décembre 1991, 524-560 et Vol. 22, n° 1, mars 1992, 46-76.

Cahiers ASOPE, *Analyse descriptive*, 1, 1974.

CARLSSON, Gosta, *Social Mobility and Class Structure*, Lund, Gleerup, 1958.

COLEMAN, James et al., *Equality and Educational Opportunity*, US Department of Health, Education and Welfare, 1966.

CUIN, Charles-Henry, *Les sociologues et la mobilité sociale*, Paris, P.U.F., 1993.

CUIN, Charles-Henry, « Analyse systémique et sociologie de la mobilité sociale », *Année sociologique*, 33, 1983, p. 249-269.

DE GRÉ, G., *The Social Compulsion of Ideas, Toward a Sociological Analysis of Knowledge*, New Brunswick, 1979.

DURU, Marie et Alain MINGAT, « Facteurs institutionnels de la diversité des carrières scolaires », *Revue française de sociologie*, XXVIII, 1987, p. 3-16.

DUTHOIT, M., L'orientation à l'issue du collège, *Éducation et formations*, n° 11, avril 1987.

EKERT-JAFFÉ, Olivia, « La scolarisation entre 17 et 20 ans : démocratisation ou poursuite des inégalités ? », *Population*, mai-juin 1985, n° 3, p. 491-505.

FERKISS, Victor, *Futurology : promise, performance, prospects*, Londres, Sage, 1977.

FERRY, Luc, *Le nouvel ordre écologique*, Paris, Grasset, 1992.

FEUER, Lewis, *Einstein et le conflit des générations*, Bruxelles, Complexe, 1978.

FEYERABEND, Paul, *Against Method*, Londres, NLB, 1975.

FUKUYAMA, Francis, *La fin de l'histoire et le dernier homme*, Paris, Flammarion, 1992.

GIROD, Roger et al., *Inégalité-inégalités. Analyse de la mobilité sociale*, Paris, P.U.F., 1977.

GLASS, David V., *Social Mobility in Britain*, London, Routledge and Kegan Paul, 1954.

HIRSCHHORN, Monique, *L'ère des enseignants*, Paris, P.U.F., 1992.

HOLTON, Gerald J., *L'intervention scientifique*, Paris, P.U.F., 1982.

HORTON, Robin, Lévy-Bruhl, « Durkheim and the scientific revolution », in R. Horton, R. Finnegan, *Modes of Thought*, Londres, Faber, 1973.

HÜBNER, Kurt, *Die Wahrbeit des Mythos*, Munich, Beck, 1985.

ISAMBERT, François, « Un " programme fort " en sociologie de la science ? », *Revue française de sociologie*, 26, 3, 485-508, 1985.

JENCKS, Christopher *et al.*, *Inequality : A Reassessment of the Effects of Family and Schooling in America*, New York, Basic Books, 1972 (traduction française : *L'inégalité, influence de la famille et de l'école en Amérique*, Paris, P.U.F., 1979).

KELLER, Suzanne et Marisa ZAVALLONI, « Classe sociale, ambition et réussite », *Sociologie du travail*, 1, 1962, p. 1-14.

KOYRÉ, Alexandre, *From the Closed World to the Infinite Universe*, Baltimore, Johns Hopkins Press, 1957 ; traduction française : *Du monde clos à l'univers infini*, Paris, Gallimard, 1973.

KUHN, Thomas, *The Structure of Scientific Revolutions*, Chicago, Illinois, The University of Chicago Press, 1962 et 1970 (éd. augmentée) (traduction française de l'éd. de 1970 : *La structure des révolutions scientifiques*, Paris, Flammarion, 1972).

LAMBERTI, Jean-Claude et François MÉLONIO (réd.), *Tocqueville*, Paris, Laffont, coll. « Bouquins », 1986.

LAUDAN, Larry, *Progress and its Problems*, Londres, Routledge & Kegan Paul, 1977.

MANNHEIM, Karl, *Ideologie und Utopie*, Bonn, F. Cohen, 1929 ; traduction française partielle : *Idéologie et utopie*, Paris, Marcel Rivière, 1956.

MASSOT, Alain, *Cheminements scolaires dans l'école québécoise après la réforme ou Structures décisionnelles dans le processus de qualification-distribution du secondaire V à l'université*, Cahiers d'ASOPE, Université Laval et Université de Montréal, 1979, 2e édition, 1981.

MASSOT, Alain, « Cheminements scolaires des étudiants en fin d'études secondaires : une analyse comparative des secteurs français et anglais », *Recherches sociographiques*, n° 3, 1979a, p. 383-401.

MASSOT, Alain, « Cheminements scolaires du secondaire V à l'université », *Revue canadienne de l'éducation/Canadian Journal of Education*, vol. 4, n° 3, 1979b, p. 22-41.

MERTON, Robert, *Science, Technology and Society in Seventeenth Century England*, New York, Howard Fertig, 1970 (1938).

MINGER, P.-M., « L'oreille spéculative, consommation et perception de la musique contemporaine », *Revue française de sociologie*, 27, 3, 445-479, 1986.

PARETO, Vilfredo, *Traité de sociologie générale*, Genève/Paris, Droz, 1968 (1916)

PASSMORE, John A., *Science and its Critics*, New Brunswick, Rutgers, 1978.

PERRENOUD, Philippe, « Les limites de l'individualisme méthodologique », *Revue française de sociologie*, XIX, 3, 1978, p. 442-454

PERRENOUD, Philippe, *Stratification socioculturelle et réussite scolaire*, Genève, Droz, 1970.

POHL, R. et J. SOLEILBAVOUP, « La transmission du statut social sur deux ou trois générations », *Économie et Statistique* (INSEE), 144, mai 1982, p. 25-42.

RADNITZKY, Gérard, La révolution kuhnienne est-elle une fausse révolution ? », *Archives de philosophie*, vol. 53, cahier 2, avril-juin, 199-212, 1990.

RESCHER, Nicholas, *Plausible Reasoning*, Amsterdam, Van Gorcum, 1976.

SAUVY, Alfred et Alain GIRARD, *Population et enseignement*, Paris, P.U.F., 1970.

SCHELER, Max, *Die Wissensformen und die Gesellschaft*, Leipzig, Der neue Geist, 1926.

SIMMEL, Georg, *Die Probleme der Geschichtsphilosophie*, Munich, Duncker & Humblot, 1892 ; traduction française : *Les problèmes de la philosophie de l'histoire*, Paris, P.U.F., 1984.

SOROKIN, Pitirim, *Social and Cultural Dynamics*, Boston, Porter Sargent, 1970 (1937).

SOROKIN, Pitirim, *Social Mobility*, New York, Harper and Brothers, 1927 (réédité en 1959 sous le titre : *Social and Cultural Mobility*, Glencoe, Illinois, The Free Press).

SNYDERS, Georges, *École, classes et lutte des classes*, Paris, P.U.F., 1976.

STARK, W., *The Fundamental Forms of Social Thought*, Londres, Routledge & Kegan Paul, 1962.

SVALASTOGA, Kaare, *Prestige, Class and Society*, Copenhague, Gyldendal, 1959.

SYLVAIN, Louise *et al.*, *Les cheminements scolaires des francophones, des anglophones et des allophones du Québec au cours des années soixante-dix*, Québec, Éditeur officiel du Québec, 1984.

THUROW, Lester C., « Education and Economic Inequality », *The Public Interest*, 1972, p. 66-81.

TORT, Michel, *Le quotient intellectuel*, Paris, Maspéro, 1975.

Var. auct., « Political pharmacology : thinking about drugs », *Daedalus*, numéro d'été, 1992.

UNIVERSITÉ DE MONTRÉAL, Rapport du centre de sondage, 1971.

WELSCH, William, *Aesthetisches Denken*, Stuttgart, Reclam, 1990.

Liste des tableaux, graphiques et figures

Liste des tableaux

Chapitre 1
Les causes de l'inégalité des chances scolaires

Tableau 1.1 — 21
La réussite scolaire en fonction de l'origine et du milieu social d'origine (enquête I.N.E.D.)

Tableau 1.2 — 22
L'orientation en fonction de la réussite scolaire et de l'origine sociale (représentation stylisée de données tirées de l'enquête I.N.E.D.)

Tableau 1.3 — 24
Probabilité de continuer sa scolarité au-delà du quatrième point de bifurcation dans l'hypothèse de la constance des paramètres

Tableau 1.4 — 29
La réussite scolaire détermine plus strictement l'orientation à Genève qu'à Paris

Chapitre 2
Cheminements scolaires des étudiants en fin d'études secondaires : une analyse comparative des secteurs français et anglais au Québec

Tableau 2.1 — 42
Orientation scolaire en secondaire V, selon le niveau culturel familial, secteur français public, région de Montréal, 1971-1972

Tableau 2.2 43
Orientation scolaire en secondaire V, selon le niveau culturel familial, secteur anglais public, région de Montréal, 1971-1972

Tableau 2.3 43
Orientation scolaire en secondaire V, selon la langue maternelle, secteur anglais public, région de Montréal, 1971-1972

Tableau 2.4 45
Cheminement scolaire en secondaire V général, selon les résultats scolaires en secondaire V, secteur français public, région de Montréal, 1971-1972

Tableau 2.5 45
Cheminement scolaire en secondaire V général, selon les résultats scolaires en secondaire V, secteur anglais public, région de Montréal, 1971-1972

Tableau 2.6A 47
Résultats scolaires en secondaire V général, selon le niveau culturel familial, secteur français public, région de Montréal, 1971-1972

Tableau 2.6B 48
Taux de passage en CEGEP I général, selon les résultats scolaires et le niveau culturel familial, secteur français public, région de Montréal, 1971-1972

Tableau 2.7A 48
Résultats scolaires en secondaire V général, selon le niveau culturel familial, secteur anglais public, région de Montréal, 1971-1972

Tableau 2.7B 49
Taux de passage en CEGEP I général, selon les résultats scolaires et le niveau culturel familial, secteur anglais public, région de Montréal, 1971-1972

Chapitre 3
Essai de réfutation de l'axiomatique des inégalités des chances scolaires

Tableau 3.1   68
Orientation scolaire, secondaire V, T1, 1971-1972, secteur français public, selon la profession du père

Tableau 3.2   69
Taux de transition par niveau et temps, secteur français public général, 1971-1974

Tableau 3.3   70
Probabilités de transition, à partir du secondaire V, secteur français public, selon l'origine sociale, 1971-1974

Tableau 3.4   73
Réussite scolaire en secondaire V, général, T1, secteur français public, selon l'origine sociale (partie supérieure) et taux de passage en CEGEP I, général T2, en fonction de la réussite et de l'origine sociale (partie inférieure)

Tableau 3.5   74
Réussite scolaire en CEGEP I, général, T2, secteur français public, selon l'origine sociale (partie supérieure) et taux de passage en CEGEP II, général T3, en fonction de la réussite et de l'origine sociale (partie inférieure)

Tableau 3.6   75
Réussite scolaire en CEGEP II, général, T3, secteur français public, selon l'origine sociale (partie supérieure) et taux de passage à l'université, T4 en fonction de la réussite et de l'origine sociale (partie inférieure)

Tableau 3.7   76
Réussite scolaire à l'université, T4, 1974-1975, secteur français public, selon l'origine sociale

Tableau 3.8   76
Réussite scolaire en secondaire V, T1, 1971-1972, secteur
français public général, selon l'origine sociale, pour les
étudiants admis à l'université, T4, 1974-1975

Chapitre 4
Analyse des processus décisionnels de la scolarisation

Tableau 4.1   84
Environnement culturel familial des étudiant(e)s,
secondaire V T1, 1971-1972, secteur français, public

Tableau 4.2   84
Niveau économique familial des étudiant(e)s,
secondaire V T1, 1971-1972, secteur français, public

Tableau 4.3   86
Résultats scolaires, secteur français, public, général,
selon le niveau culturel familial

Tableau 4.4   87
Taux de passage, en fonction des résultats scolaires
et du niveau économique familial, secteur français,
public, général

Tableau 4.5   90
Taux de passage, en fonction des résultats scolaires
et du niveau économique familial, secteur français,
public, général

Tableau 4.6   93
Probabilités de transition selon les résultats scolaires,
le milieu culturel familial et le niveau économique
familial, secteur français public général

Tableau 4.7   94
Probabilités de passage en fonction du niveau
économique familial, avec l'hypothèse où il n'existe pas
d'inégalités d'héritage culturel, secteur français public
général

Tableau 4.8 94
Probabilités de passage en fonction des inégalités d'héritage culturel, avec l'hypothèse où il n'existe pas d'inégalités de niveau économique familial, secteur français, public, général

Tableau 4.9 94
Probabilités de passage selon le niveau économique familial, le niveau culturel familial, les résultats scolaires, du secondaire V à l'université, secteur français, public, général

Tableau 4.10 97
Analyse nominale hiérarchique des résultats scolaires

Tableau 4.11 98
Probabilités normalisées, résultats scolaires, selon le niveau culturel familial, secondaire V, section français, public, général

Tableau 4.12 99
Analyse nominale hiérarchique des taux de passage au CEGEP général

Tableau 4.13 100
Probabilités normalisées de passage au CEGEP général, cohorte III, secteur français, général, public

Tableau 4.14 102
Probabilités normalisées de passage au CEGEP général, secteur français public général 1971-1972, selon les résultats scolaires et le niveau culturel familial

Liste des graphiques et figures

Chapitre 2
Cheminements scolaires des étudiants en fin d'études secondaires : une analyse comparative des secteurs français et anglais

Graphique 2.1 — 37
Évolution de la cohorte 1971-1975, secteur français
(sur la base de 10 000 effectifs en secondaire V)

Graphique 2.2 — 39
Évolution de la cohorte 1971-1975, secteur anglais
(sur la base de 10 000 effectifs en secondaire V)

Graphique 2.3 — 50
Taux de passage en CEGEP I général, selon les résultats scolaires en secondaire V et le niveau culturel familial, secteurs français et anglais, région de Montréal, 1971-1972

Chapitre 3
Essai de réfutation de l'axiomatique des inégalités des chances scolaires

Graphique 3.1 — 66
Évolution générale de la cohorte secteur français public à partir du secondaire V, T1-T5, 1971-1975
(sur la base de 10 000 étudiants en secondaire V)

Chapitre 4
Analyse des processus décisionnels de la scolarisation

Figure 4.1 — 85
Modèle du processus décisionnel

Graphique 4.1 — 90
Taux de passage en fonction des résultats scolaires et du niveau économique familial, secteur français, public, général

Graphique 4.2 100
Taux de passage en fonction des résultats scolaires
et du niveau économique familial, secteur français,
public, général

Graphique 4.3 102
Probabilités normalisées de passage, secondaire V,
selon le niveau culturel familial et les résultats scolaires

693553 - Janvier 2017
Achevé d'imprimer par